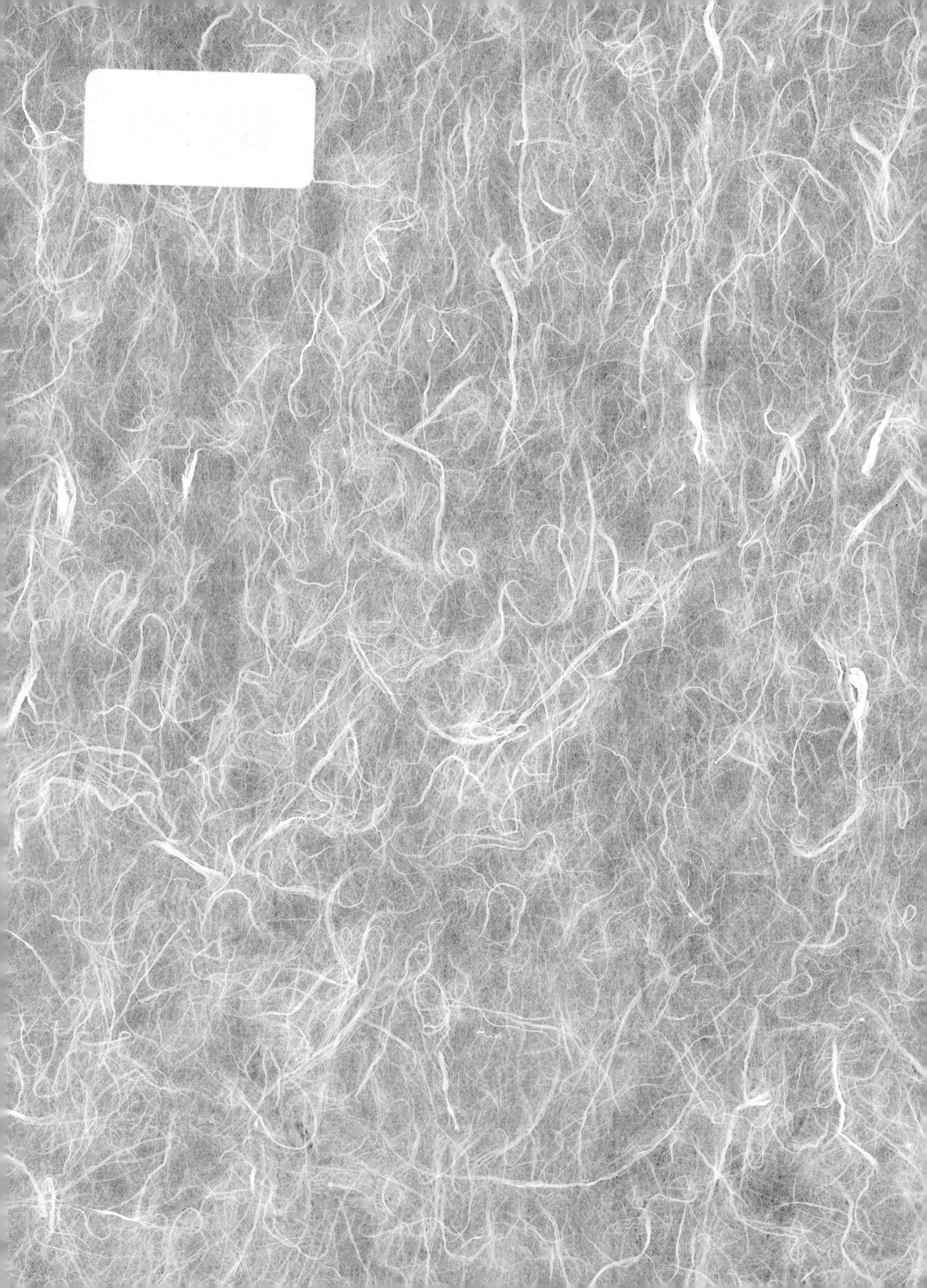

汉画解读

冯其庸 题评

刘辉 解读

文化艺术出版社
Culture and Art Publishing House

目录

序

冯其庸

关于汉代墓室的画像石，在文献记载里很早就出现了，但汉画像石的研究成为一门学问，却是后来的事。清代到民国期间，陆续有所著录和研究，但还是开始阶段，真正成为一门专门的学问，是建国以后的事。从建国至今，半个多世纪以来，一方面是各地的画像石不断出现，为数众多，有的地区还成立了画像石博物馆；另一方面在此基础上成立了中国汉画学会，不少专家先后出版了较前更有深度的研究性著作，形成了一支有相当规模的专家队伍。而且还带动了中青年一辈的汉画研究爱好者，相继以汉画研究为自己的志趣，这是十分可喜的现象。

我认识的刘辉同志，就是中青年爱好汉画、学习汉画并试作研究的一位，我帮助他挑选了一百幅汉画，由我先作朱笔题评，由他再作画面的解读。这当然是一种适合初学汉画或爱好汉画者的读物，但同时也是美术爱好者的读物。本书虽然只选了一百幅，其中还有内容大略相同而画面和表现方法不同的部分，但从这百幅画像，已可领略到汉代社会生活的丰富多彩，当然真正洋洋大观，全面而丰富地反映汉代社会、历史、神话传说、民俗、战争等的巨著，必然要等汉画全集之类的巨编出来。这一百幅画，只能说是尝鼎一脔而已，或者算作是入门读物吧。

我非常欣赏和钦佩我所熟知而且交深的许多专家老友们的专著，这些都是我自己很好的学习资料，我也希望年轻的同道能很好地

学习和继承他们的业绩。我同时也希望有一些普及的浅近的读物，来满足社会的需求，引导更多的人来爱好和研究这门学问。

◉ 这就是我帮助刘辉同志做这件事的目的。▣

二〇〇五年十一月六日夜十二时

汉画漫议

冯其庸

◉汉画，是指现存的汉代画像石、画像砖、墓室壁画、帛画、器物画等等。这当然都是遗存的东西。据文献记载，汉代当时有大规模的宫殿壁画、寺庙壁画等等，但由于历史的沧桑，这些都早已无存了。现在所能见到的主要就是上面所说的几类。因为这些都是地下发掘出来的，所以能保存下来。尤其是画像石、画像砖，都是砖石材料，又是埋葬在地下墓室里的，所以更不易损坏。

◉汉代经过高、惠、文、景四代的休养生息，社会逐渐安定，生产发展，社会的享乐厚葬之风日趋炽盛，这给画像石、画像砖开辟了市场。因为厚葬，墓室就需要大量的画像石、砖来装饰。它的内容广阔丰富到几乎可以反映整个汉代的社会生活面貌。甚至连汉以前的神话、历史故事也都有充分的表现。

◉汉画并不是全国各省都有的，它主要集中在河南、山东、江苏、四川、安徽、山西、陕西等省。其原因主要是这些地区经济比较发展，同时又是汉代政治文化发达的地方。再加上汉代统治时间长，遗存的汉画数量也就极为丰富。如果要把这么多的汉画集中起来，进行系统的研究，其内容的丰富和庞大，实在可以说是「敦煌前的敦煌」。这当然是一个比喻，不能死看。但从时间来说，它恰好在敦煌石室之前，其尾声恰好可与敦煌石室的始建相衔接（敦煌石室始建于前秦建元二年，公元三六六年），即东晋废帝太和元年。此时汉画像石、砖的遗响仍然存在，而且还在延续。我曾收集到六朝的画像砖多件。其内容如与两汉的典籍及汉以前先秦的典籍相对照，也可说蔚为大观。特别是敦煌宝库是在佛教文化影响以后产生的，是汉文化受佛教文化影响的结果。而且它的表现形式，主要还是佛教文化。而汉画像石、画像砖等等，一句话，即汉画，是未受佛教文化影响的中华民族本生文化。如果要认识中华民族未受外来文化影响之前的文化，从艺术的范围来说，就只有汉画以及比汉画更早的原始艺术。从以上两层意义来说，我说它是「敦煌前的敦煌」，并不是毫无根据的夸张。

◉汉画像石、砖及壁画、帛画等的内容大体来说，有以下这些主要方面：车马出行、车骑过桥、歌舞宴乐、战争、狩猎、建筑、楼阁、庄园、牲畜、守门吏、执戟武士、门阙、迎宾、农耕、盐井、采桑、纺织、渔筏、庖厨、市集、酒肆、骑射、角抵、百戏杂技、伏羲、女娲、西王母、东王公、神人怪兽、羽人、日神、月神、龙、凤、熊、虎等等。此外，还有大量的历史故事、历史人物，更无法一一列举。就是上面所举各项，每一项中，也有种种不同。全部汉画的总和，无异是一部汉代社会的风俗画。

◉从艺术传统来说，汉画上承先秦及先秦以前的原始艺术。我国新石器时代的原始彩陶绘画和玉石刻画、陶器刻画等艺术，经过商、周又有了极大的发展。汉画可以说是对以往艺术的总继承和大发展。这种继承是很明显的，从马王堆出土的帛画《非衣》及《车马仪仗图》显然可以看到它与战国帛画《人物龙凤图》、《人物御龙图》之间的先后继承关系；从河姆渡陶器上刻画的猪，骨器上刻画的双鸟，从良渚玉器上刻画的神人兽面图案等等，也完全可以看出汉画像石上的刻画与它们一脉相承的关系。

◉汉画不仅上承了原始艺术到先秦艺术，而且加以大融化、大发展、大提高。我认为中国的绘画到了汉代，已经全面确立起绘画的民族传统和构图的基本原理了。这在中国的绘画史上

是十分辉煌的一页。

◉中国画最基本的特色是用线条来表现客体。线条在中国画家的笔下是非常神奇的东西，它可以表现一切。无论是原始彩陶上的绘画，还是玉石器上、青铜器上的刻画，无一不是如此。而到了汉画，又把线条的运用发展到了一个新的高度。我在看了汉末建安时期亳县曹氏家族墓基门上的线刻人物，深悟到东晋顾恺之的线画的来源，之后看到洛阳魏晋墓上的石刻线画，更加相信了这一点。运用线条来表现客观事物，就成为中国绘画的一个基本特色。

◉中国画的另一基本特色，是采取鸟瞰的视角来布置景物，特别是在描绘崇山峻岭和重楼叠阁以及类似的场景时。这种布局方法，在汉画里已经运用得相当成熟了。《中国美术全集》所收《旧县村门阙庭院画像》一幅，就最能清楚地说明问题。这一构图视角，从此就被中国山水画家作为构图的基本法则。看历代的山水巨幅，你会普遍地体认到这一点。

◉中国画还有一个特色，就是画上加题记。在汉画中，大部分画是无题记的，构图是满幅，不留上下空白。但在小部分汉画里，已开始有榜题，即一幅画的标题，用文字标明。字数是三四个字。另外，也已有较长的题记。如在南阳发现的一座新莽天凤五年（公元一八年）冯君孺人画像石墓，在内室门中柱有「郁平大尹冯君孺人始建国天凤五年十月十七日癸巳葬，千岁不发」的题记。再如东汉许阿瞿画像墓志铭，在许阿瞿的画像石旁题有一三六字的长篇墓铭题记，内容是哀悼许阿瞿。以上两则题记，一是在墓室门柱上，是对整个墓室的标题；另一是在画像石旁，切对画像石上的许阿瞿，这就较切近画题。所以汉画像石画面上由榜题而长题，虽然为数不多，但已初开题画之端了。到后来的中国画，几乎无画不题。有的画家还往往特意留出空白来，以作题咏之用，这未尝不是滥觞于汉画。

◉中国画的第四个特点是非常重视画中人、物的神态和动势。这在汉画里也有充分的表现，尽管画面往往布满，但在中间总会留出空白，给人、物以活的空间。不管是任何人、物，其自身总是充满着神态和动势。用一句概括的话来说就是传神，让你感到内涵的力。这就形成了后来的中国画特别讲究传神、讲究形神兼备。

◉上面这四个方面的特色，直到今天的中国画，仍然是恪守着。当然是有了巨大的变化和发展了。但作为一种历史的回顾，仍不能不承认，这是在两千年前的汉画里已经确立的法则。▣

对淮北汉画像石的初步认识

刘辉

◉被誉为「绣像的汉代史」的汉画像石，在我国的一些地区已有大量出土。所谓汉画像石，是因汉代人在石面上以刀代笔，以线传神状物，又有类似绘画的画面经营与布局，使石刻具备了绘画的艺术特性。它们存在于汉代石阙、祠堂和墓葬中，表现出了汉代人的思想、观念和情感，具有强烈的时代精神，是汉代人们多种思想意识综合反映的写实性墓葬艺术。作为国内四个汉画像石出土比较集中地区之一的苏北鲁南，许多专家学者，已开展了深入细致地研究；而与之毗邻的安徽省淮北地区，虽已发现六百余方，但由于诸多原因，至今未能进行系统地探讨。所以，淮北地区汉画像石的面目，也就一直不为人知，可谓「养在深闺人未识」。本文现就该地区汉画像石的分布、内容、雕刻技法、艺术风格以及产生的历史背景，作初步研究，以求教于方家。

一、淮北汉画像石的分布

◉本文所言淮北，系指现在的安徽省宿州、淮北二市所辖区、县。该地区，西汉隶属沛郡；东汉隶属沛国。沛郡：「户四十万九千七十九，口二百三十万四百八十，县三十七」；所辖区域大致为今丰、沛二县（江苏省）、滕州市西南部（山东省）、宿州、淮北、亳州、蚌埠市淮河以北四市的所属区县，以及永城、夏邑（河南省）。东汉时，沛国：「二十一城，户二十万四百九十五，口二十五万一千三百九十三」；沛国建都于相（今淮北市濉溪县西北），辖区的西南部比沛郡略有削减。沛郡和沛国均属豫州刺史部。无论是沛郡，还是沛国，都是汉代开国皇帝高祖刘邦的故乡；同时，这里也聚集着众多的王侯将相和达官贵人，且多厚葬于此。

◉宿州和淮北二市地域北部一带，耸立着大大

小小的石灰岩山峦，在漫长的沧桑岁月中，历经黄淮水患和风雨的冲蚀，山坡上许多汉代墓葬，已裸露于地面。因此，在较长的一段时期内，不少汉画像石，或散落于山野乱石之中，或垒砌在屋墙中、桥涵里、水井旁，大都遭到破坏；仅只有为数极少的汉画像石被民间收藏。「文革」后，特别是近年来人们增强了文物保护观念，一些新发掘出土的汉画像石，得到了有关部门的保护。

◉ 淮北地区的汉画像石主要出土在：淮北市的相山区、杜集区的梧桐村、北山村和濉溪县古城、祁集等地；宿州市的埇桥区（原宿县）的褚兰，灵璧县九顶镇，萧县的龙城镇、白土镇、丁里镇和孙圩孜乡等地。

◉ 经考古发掘表明，该地区的画像石始于西汉中晚期，盛于东汉中期，并延续到南北朝。西汉中晚期的画像石，多出土于单层石板组成的石椁墓，石板表面粗糙，椁内壁上刻有十字穿环、长青树和铺首衔环之类的物象，雕刻技法为阴线刻，线条生涩板滞，如萧县城西老虎山出土的《龙凤·扶桑·龙马·铺首衔环》（见高书林《淮北汉画像石集》）等。到了东汉早、中期时，墓室多为砖石或纯石结构的单室或多室券顶墓；画像刻于墓内门柱、门扉、门楣和石梁之上。门柱上多刻有门吏、侍者、女娲、伏羲等；门扉上刻有凤鸟、瑞兽、铺首衔环等；门楣和石梁上刻有二龙穿壁、神人、瑞兽和反映当时现实和阴间生活情景的繁复内容，如车马出行、宴饮、狩猎、征战及舞乐百戏等。

二、淮北汉画像石的内容

◉ 淮北地区地处中原，受到荆楚文化、中原文化和齐鲁文化的影响，所以，此地的汉画像石题材广泛，内容丰富，既有神人瑞兽、神话传说、历史故事、天文和医学，更有反映汉代社会现实生活以及死后升仙和阴宅的各类生活等诸多方面的画像，是阴间生活人世化的反映。大致可分为五类：

❶ **神人瑞兽** 此类汉画像石，大都取材于《山海经》和《楚辞》等典籍及民间传说。该地区，春秋时为宋国领地；宋亡，又隶属于楚国；因此，楚文化在此地人们的意识里留有深深的烙印。而楚人「信巫鬼，重淫祀」，祈求以此禳灾、驱邪和降福；这种思想和习俗，贯穿着沛国（郡）社会的人间和冥间（墓室），以致汉画像石上多有祥禽瑞兽和仙人的形象，比如九尾狐的九尾，象征着子孙的生息繁衍；凤鸟、龙以及人首兽身或鸟首兽身等瑞兽，表现着人们祈盼平安福瑞和渴盼发财的愿望，所以，孔子有「凤鸟不至，河不出图，吾已矣夫」之说；伏羲和女娲，在汉画像石中也多有出现，反映了人们祈祷传说中的人类始祖佑护的心理；不少汉画像石，还刻有东方神仙之长的东王公、制造长生不老药的西王母，以及西王母身边的羽人和捣制长生不老药的玉兔及九尾狐等，表现了汉代人们祈求西王母降福人间并希望能够长生不老的「黄老」思想等等。饕餮以有首无身的形象出现，其不但贪财贪食，还是凶恶的化身，所以用它避邪；开明兽虎身而生九头，传说昆仑仙山有九个门，因此，就有九头的开明兽守护。

❷ **天文和医学** 在古代，人们通过长期的观察研究，积累了丰富的天文知识，并为其赋予了瑰丽的神话。《春秋·运斗枢》中载，北斗星是天体中重要的星群之一，由七颗星组成，斗柄指向随着季节更迭而变化，所指东、西、南、北方向，分别为春、夏、秋、冬四季。《龙凤·扶桑·龙马·铺首衔环》中右上方的七颗

星，应为此星象。有的还刻有日、月图像，日中有阳乌，月中有玉兔或蟾蜍，如淮北市大孟园村出土的《日月图》。所谓「日月同辉」，即是月亮旋转方向与地球自转方向一致所形成的天象；汉代人在墓室中刻此形象，以示日夜永远光明。不久前，在萧县龙城镇汉墓的考古发掘中，也发现过反映天文图像的石刻。

◉我国在传统医学及临床治疗方面，取得了卓越成就，针灸疗法尤为独到，针灸治疗是针刺和灸法的总称。针刺是用各种特制针具，刺激经络穴位以治病；灸法是用艾绒等物熏灼经络穴位以治病。针和灸在《内经》上有详细论述。扁鹊是战国时著名医学家，擅长针灸，其形象在汉代时被神话成人头鹊身形象。在《扁鹊行医图》（淮北民间藏）中，崔光因久病医治无效而死亡，其后代就希望在天堂里，能得到神医的治愈。于是，图中屋内有扁鹊手持针具，将实施针疗的情景；同时，下面的案上，也备有不同针具，使之与文献记载互为印证。

❸ 社会现实及阴间生活

此类汉画像石，在淮北地区已出土的汉画像石中，占有很大的比重；与我国其他地区相比，此乃淮北汉画像石的一个十分显著的特征。现实生活类的汉画像石，包括生产劳动、车马出行、筵宴飨宾、乐舞百戏、尚武向学，以及书法等内容；也有反映离开人世进入阴间生活的各种场景。

生产劳动　自有人类起，便就有了狩猎。即使到了汉代，狩猎仍是山民和贫困庶民的一种与耕耘、纺织同样重要的获取衣食而得以生存的手段。狩猎作为娱乐，那只是皇亲国戚、王侯将相和达官贵人所享用。如官吏驾车狩猎的《车马出行》（萧县庄里乡城阳村出土），图中有一人驱使二犬追赶两只奔跑的野兔，犬的迅猛追击和野兔的疲于奔命，被表现得惟妙惟肖。《渔猎·庖厨·对饮图》中，下格为仆役打猎；中格庖丁宰杀做饭；上格为宾主开怀畅饮，酒酣耳热；反映出官吏们不劳而获的奢华生活。也有以练兵为目的狩猎，借此训练将士观察、射击与体能的综合锻炼，是汉代练兵的重要手段。如《迎宾博弈图》中，有射猎、习武和演习完毕而回归之场景。

◉在淮北地区六百余方汉画像石中，《纺织图》和《田畴与耕牛》显得尤为可贵。《田畴与耕牛》中，一头雄健的黄牛，正系在一株长青树上歇息，旁边是一望无际的田野，表明为待耕之意。另外在《牛马同耕图》中，也可看出由汉初的二牛三人的耦耕，发展为一人御二牛的科学先进的耕作技术；进而转化为牛、马合犋方法，并一直沿续了此后一千余年。而《纺织图》，则通过对织机和织女的刻画，表现了百姓们的劳做之苦，也让我们得以了解汉代的织布设备和工序，同时也弥补了关于手工作坊纺织文献的不足；提供了可视性资料。尤为珍贵的是《造纸图》，从图中可直观看到汉代的造纸工艺流程，为研究汉代造纸业发展，起到了极为重要的佐证。

◉车的形象在汉画中多见，在《斲车图》中，可以使人们了解汉代人的造车方式和过程。多根的辐条使车的载重量加大；多段和弧形的辋，可以使车轮间有间隙而具伸缩性；弧状的辋，可使车轮呈圆形，以便于滚动。经漆浸透的车轮，更具坚硬、耐用和防腐的作用。

车马出行　先秦时期，车马的多少，往往成为衡量一个国家国力强弱的重要标尺。至汉代，不论是帝后出行，还是将帅率兵征战，或官吏拜谒王侯达官或出门访友，均以车代步；故而，车马又成为墓主人的身份、地位的明显标志。

《后汉书·舆服志》中说，天子之行，用六马驾车；丞相和王公贵族，可用二至四马驾车；下级官吏则只准用一马驾车。尽管等级制度森严，在汉画像石中，也有越制现象。车的种类繁多，不过，在淮北已出土的汉画像石中，常见的是：轺车、辎车和轩车。轺车，《释名·释车》中载：「轺，遥也；遥，远也。四向远望之车也。」可知轺车是四面敞露，上有华盖的一马或二马所驾之车，多用于下级官吏所乘；如淮北电厂出土的《车马出行》。辎车，车厢四周设有帷幔，用于载运货物或人，《释名·释车》中说：「辎车，载辎重，卧息其中之车也。」辎车车盖呈圆形而隆起，车厢两侧设有车窗，开有后门，四周密闭；在汉代，辎车多用于妇女乘坐，《汉书·张敞传》中说道：「礼，君母出门则乘辎軿。」《神龙·迎宾图》中之车即是。轩车，是一种曲辕、前顶较高、四周设有帷幔的华丽之车，由二马或多马所驾，供高级官吏乘坐，如《谒见图》中二马所拉之车。王侯将相或达官贵人出行时，往往前导后从，反映出墓主人企望把生前的尊贵风光带入冥世，而继续生前的豪华生活。在《众宾拜谒图》的下格右边，大门旁一人捧盾恭迎长长的车骑队伍。中间主车前后各一导、从轺车和导骑，从骑护卫，前导之骑还扛一旌旗开道，耀武扬威。《飞骑逐猎图》中，则表现了去狩猎主人的闲情逸致，车骑急行，似乎飞起，以致把山中躲藏的野兔吓得逃窜。《侯技坤画像石》则是侯死后乘车由人世进入阴间，前有魂门亭长相迎的情景。

筵宴飨宾　在汉代，王侯将相或名门望族之家，不但大排宴席，居家饮宴，还常常以此作为迎来送往和社会交际的礼仪与方式，也反映出当时人们「盛飨宾客以求名」的时代风尚。淮北市青谷村出土的《神禽瑞兽图》中，在一座高大的汉阙下，一对夫妇，正相对跽坐，举杯共饮，同享盛宴。在《凯旋图》中可见其场面的宏大，气氛的紧张而热烈：此图下格，厨房墙壁上，悬挂着鱼、猪腿、猪头，甑里正蒸着鱼，仆役们忙忙碌碌，有的用辘轳汲水，有的灶下加薪烧火，还有妇人和面，庖丁剖鱼，摇扇者烤肉，使人感到厨室内烟雾升腾，异香飘散；更有一女仆双手举鱼，正快步走来……此格画面，让我们直观地了解到了汉代人们生活的方式和饮食习惯。《饮宴图》（萧县孙圩孜乡出土），则描绘了主人设宴款待宾客，举酒相邀的生动情景。有些汉画像石所表现的并不止于饮宴，同时还刻有六博、舞乐和百戏，如淮北市青谷村出土的《宴乐·歌舞·门吏及凤凰图》，反映宾主们一边饮用着琼浆玉液，吃着美味佳肴，还一边听着悠扬的琴声，看着长裙广袖细腰的俏丽女子的舞蹈，真可谓神仙般的生活。

舞乐百戏　两汉的沛国（郡），继承了楚国文化的传统，多流行楚歌、楚舞；说到舞，最流行、常见的是长袖舞和建鼓舞。表演时，妙龄的舞伎，宽衣长袖，腰如束丝。《西京杂记》中记载：「戚夫人好为翘袖折腰之舞。」翘袖折腰，是说楚舞的优美姿态。《观舞图》和《宴饮歌舞图》，可见楚舞一斑。而淮北市杜集区梧桐村出土的《鼓舞乐图》和白渎山出土的《建鼓舞乐图》，更是以极其洗练的几根线条，把楚舞的婀娜多姿，刻画得栩栩如生。它集音乐、舞蹈为一体，一边击鼓，一边舞蹈，舞步随鼓点的变化而起落，或急或徐、或奔放或轻盈，充满着音律动感。汉代的乐器，除建鼓外，尚有排箫、琴、埙、筑等。

◉汉代百戏，是集音乐、舞蹈、魔术、跳丸、角抵、倒立等娱乐表演节目为一体的总称，因众艺荟萃而得名，如《百戏图》和《高絙图》等。高絙，也称走索和缘絙等名。《高絙图》中，上有

四人缘索倒立，下有二人击鼓。在该地区的汉画像石中，百戏的内容较多，体现出当时的人们不但追求物质享受，还需要精神上的愉悦。《汉书》记载，刘邦在长安登基称帝后，曾把其父接来京城；但其父对新的环境不能适应，常常郁闷不乐，刘邦遂把流行于沛、丰的戏车、倒立、走索等杂技节目搬到宫中表演，把老人逗得笑逐颜开，乐不思乡。以致此类节目为达官和布衣所喜闻乐见。《汉书·武帝记》中说：汉武帝元封三年（公元前一〇八年），京都长安街市上举办了多日声势浩大的百戏演出，使「三百里内（的官民）皆来观看」，盛况空前。如在《纺织图》（二）中，五名宾主席地而坐，旁边有作袖舞、倒立、折腰和击建鼓的多名伎人为主人表演。

尚武向学 《史记·项羽本纪》中载：「楚之风好勇。」在汉代的淮北地区，尚武已成为一种精神，代代相传；多年来，在该地区发掘的汉墓中，屡屡发现剑、环首刀、戈等多种兵器，也可资佐证。秦末，不但反抗和推翻秦朝暴政的三位农民起义军领袖陈胜、项羽和刘邦，皆起事或壮大于此地；从这里走出的将领、士卒，也都剽悍骁勇，能征善战。从淮北市柳孜镇出土的汉画像石，如《执戟与剑的武士》、《披甲带剑的武士》、《拉弓的武士》等，都非常强烈地表明，尚武已是当时普遍的社会风尚。《习武者》（淮北市柳孜镇出土），一武士右手持剑、左手拿盾作进攻状；另一武士则挥舞长矛，奋勇抵抗。而《胡汉征战图》，分胡人入侵、汉兵迎战两方，场面壮阔，气势恢宏，生动形象地再现了汉军捍卫疆土、勇敢杀敌、抵御匈奴的激战场景，看后使人振奋，令人叫绝。

◉淮北地区，因距古代文化中心邹鲁之地较近，长期受儒家文化的熏陶和影响。特别是在汉武帝发出「罢黜百家，独尊儒术」的号令后，该地区儒学得以较大发展。《拜师图》，便描绘了那时教习识字的情景。此类画像石，极为罕见，为研究汉代的儒学教育提供了宝贵资料。

◉此外，在《相亲》和《纺织图》（二）中，对青年男女冲破礼教的束缚，大胆而热烈地拥抱和亲吻的描绘，不仅表现了他们对纯真爱情的追求，也在一定程度上表现了当时淮北地区的民风和民俗。

❹ 历史故事及神话传说 统治阶级为了在精神上控制民众，大力宣扬忠臣、烈女、贤士等，目的是用来诫世示后及歌功颂德。如《二桃杀三士》，春秋齐景公时，公孙接、田开疆、古冶子三勇士从齐相晏子身边走过时，没向晏子行礼，至使晏子觉得三勇士如不除掉，以后难以控制。而用二只桃赐三人吃的计谋，用了「义」的思想、观念，使三士自杀。《泗水捞鼎图》则是描绘秦始皇在路过彭城北的泗水时，见水中有遗落的周鼎，于是命人打捞。最后因鼎内有龙伸出头，把系鼎的绳咬断，使鼎又没入水中，终没捞出而告终。用起鼎的失败，喻示秦朝国祚的短暂是出自天意。《后羿射日图》，是描绘尧时，天上十日并出，烤死禾木，尧命羿张弓射日除害，羿射下九日而留一日，人们因此得以安居乐业。《指鹿为马图》，是描绘秦二世时秦相赵高专权，在朝堂上牵一鹿，而说是马，以测群臣之心。最后把阿谀奉承说是马的人留下，把刚直不阿说是鹿的人杀掉。

❺ 书法艺术 汉墓中遗存为数较多的画像石题记，不能不引起我们的注意和重视。那些题记中的文字，为人们研究画像石的发展和汉代文字的演变，以及研究汉代社会状况等方面提供了十分珍贵的资料。每种字体的出现都有一个相当长的发展过程，并且都由下层或民间的便

捷习用，而成为官方的或大众的推崇标准。因此，汉代隶书盛行的同时，带有楷意的隶书出现，说明在汉代字体已经发生了变革。如《刺客图》，从画像旁边的题记可以明明白白地看到：汉隶正在自减波磔于平直的楷书过渡；汉末，做过黄门侍郎而声显于三国的大书法家钟繇，其书法作品，反映了由隶入楷的新貌，他创出的书体是总结、提炼民间书体的进一步升华。

◉在淮北民间收藏和散存的汉画像石中，「尚武向学」、「造纸」和「耕织狩猎」三类，似璀璨的珍珠，为该地区的汉文化平添了亮丽绚烂的光彩。

◉此外，还有一定比例的画像反映出了墓主人阴间生活。如《伯孝出行图》，从「故」字就可体现出，其主人是非人世的生活。由考古发掘出土的众多明器可看出，汉代人较多认为人死即进入另一世界，而要过着与活人一样生活，因此，就出现了「伯孝」坐车出行，前有导骑开道和属吏奏乐并有好友相伴的景情。也有墓主人笃信灵魂不灭并希望死后升入天堂，所以，《升仙图》（萧县民间藏）中，就有已故主人乘大鲵而飞升，并由朱雀引路的情景。

三、淮北画像石的艺术特色

◉一方汉画像石的完成，大致要经过这样三道程序：在一个汉画像石的加工作坊里（如今人刻墓碑），首先是墓主人要提出刻绘要求，接着是由画师按要求，在已经打磨成型的青石板上作画，然后才由能工巧匠雕刻而成，最后在石刻上描绘朱砂等颜料。据山东东阿县出土的东汉桓帝永兴二年芗他君石祠题中述：「使师操义，山阳瑕丘荣保，画师高平代盛、邵强生等十余人（作画）。」其他画像题记上也多见画师、石工之名，

可见其制作的规模化。有的汉画像石上，还残留有朱砂等颜料，即可证明汉画像石原本上面涂有颜料，只因时间长而脱落了。汉代那么多墓室的画像石，可想而知，必然就会有为数众多的制作队伍；所以，该地区的汉画像石也就形成了多种雕刻技法和艺术风格。另外，此地汉画像不但有反映人世间的生活，还有阴间、仙界的场景；在其内容上不但有祭祀祖先的，也有自己表功的自画像。可谓包罗万象，别具一格。

◉目前发现的汉画像石的雕刻技法，可分为：

❶**平面阴线刻** 是把毛石略加剔平，用阴线把物象刻出；这类石刻，雕刻技法粗放，画像简单，多出自西汉中、晚期。如《龙凤·扶桑·龙马·铺首衔环》。另一种平面阴线刻，是石板剔得较为平整，再用阴线刻出物象，直观上较前者工整，如淮北市相山区出土的汉画像石《鼓·鼓人》即是。这类石刻的内容，多出自东汉初年，图案也逐渐丰富起来。

❷**剔地浅浮雕平面阴线刻** 其刻法是把物以外的部分剔去，物象略微高出石面十二毫米，在平整的物象上加以阴线，表现细微部分，雕刻技法趋向成熟。如《纺织图》（一）。

❸**剔地弧面浅浮雕** 此种刻法是把物象以外的石面都剔去，使物象四周低中间高，如龟背呈弧面。然后，用线把物象细部刻出。如《神龙·迎宾图》。

❹**剔地高浮雕** 它和剔地弧面浅浮雕技法相同，只是物象更高些，更加突出和更具有雕塑感。此类画像石产生在东汉中晚期；它为北魏和六朝石刻艺术的发展，打下了坚实的基础，提供

了不可或缺的过渡条件。同时，这一时期的汉画像石，刻绘技巧也越发成熟，如《拜师图》等。

◉但以上雕刻技法在时间上也有相互混杂现象。后面两种雕刻，较少用平刀刻，多是用斜刀，把刀斜成一定角度，运刀流利、灵动，刀锋下侧藏入石面，使刀与刀间的线条形成弧面阳线，线条具有灵动感。其雕刻的刀法果断劲利，回旋自如。

◉从目前该地区汉画像石的艺术风格上来看，既有独幅绘画疏朗的构图，又有充塞天地的繁复构图和分层分格连环画式的构图。不但有高度概括简约的雕刻，又有精细入微的技法。汉画像石中所表现的方法和题材选取上，是以写实为主，从社会现实生活中摄取素材，并经艺术加工，使所刻画的物象，更加准确生动。

◉在独幅构图的汉画中，汉代艺术家用近似电影蒙太奇式的组合，以服饰、人物位置的变化来表达事情的发生和结果。如《扁鹊行医图》，从图右方之车，可知是主人乘坐；从屋内禀告之人头戴的冠，可知其为后从骑吏；屋外直立、面带病容的为崔光；前恭立者为导骑，让人一目了然。

◉淮北汉画像石是以线传神状物的，并以点、线、面相结合，这是我国古代艺术和现代艺术的共同点。比如萧县孙圩孜乡破阁村出土的《车马出行图》中，有的鬃毛用细密的斜线表示，而马腿和马身只用几条简练的线条，就把马身的各个部位都交待得清清楚楚；用面和块来表现马腿与马身上的肌肉感，使其增强了美感和雕塑感。

◉淮北地区汉画像石的刻绘者，善于捕捉人和动物姿态与神情的瞬间动势与细节，并着力描

写，赋予石头以鲜活的生命。比如《高组图》中，把雌鸟昂首挺胸，一腿抬起、一腿站立的高傲，与雄鸟的求偶不遂、欲走又回、双腿站立、回望雌鸟的无奈而又不舍离去的复杂心理活动，表现得可谓形神兼备，生动逼真。

◉淮北汉画像石，既有写意雕刻，又有工笔画的雕刻。如宿州市埇桥区褚兰镇散存的《凯旋图》中，刻工极尽精细，可谓鬼斧神工；不论是人物，还是动物，其画面上的线，均细若发丝，排列井然有序。马身上用层层叠叠的小扇面网状或水波纹状雕刻，扇面上又施以均匀的平行细线，远远望去有纵深感和马毛的质感。在表现人物的服饰上，用平行线和曲线表现，有织物的经纬线感觉。其雕刻技法，有别于国内其他地区而独树一帜。此外，有的地区祠堂若有雕刻画像，墓室则无；墓室有雕刻画像，祠堂则无。而该镇的汉墓，却是前祠后墓均有雕刻画像，其形制也极为少见。

◉在淮北地区汉画像石中，可以看到立体主义画法的普遍使用。工匠们用超常的审美意识和深厚的艺术造诣，采用平面加透视的方法，着意改变视觉空间的三维效果，以达到主观和客观感受的对立而又和谐的美。如萧县孙圩孜乡出土的汉画像石《奔虎》，按正常的画法，只能画出它的侧面一只眼睛，而此汉画，却刻画透视出了另一只眼睛。画师们用正常的视觉观念已不能满足艺术的需要，而把动物的真实状态立体地表现出来，从而达到艺术的实质升华。这是汉画像石的一大创造和奇迹，使艺术产生了一种震撼力和冲击力。

◉豫西南、鄂西北的汉画像石，雕刻技法质朴洗练，风格粗犷生动，构图主体性强，每幅画多表现一个内容；巴蜀的汉画像石，具有奔放

的艺术个性；而淮北地区的汉画像石艺术，则具有综合性，而立体主义技法的汉画像石的较多出现，又表现出它的地域特色。

四、淮北汉画像石产生的原因

◉淮北地区汉画像石，是在其深厚的历史文化底蕴和当时汉代大气候以及该地区具体情况下，应运而产生的。

◉自进入二十世纪以来，淮北地区已先后发现多处新石器遗址，并出土有石器、骨器、陶器和精美的玉器；这些石器和玉器，不论在成型、研磨，还是抛光、打孔等工艺方面，都相当精细；尤其是玉器，至今仍光艳如新，是此地区美术的先声；这种美术传统，至春秋时的宋国得到发扬，宋「善绘事」，已誉满「赤县神州」；到了两汉，更有了长足地发展。直至到近代出现如王子云、刘开渠等诸位大师，此地一直人才辈出。现今因萧县妇幼皆爱书画，被文化部命名为「中国书画艺术之乡」。说明此地区的美术创作不是偶然的，是一脉相传的。

◉而汉初，朝廷实行了郡国并行制，又制定了「休养生息」的基本国策，社会安定，百姓乐业，全国农牧业、手工业和文化都出现了空前地发展和繁荣；人们受到了道家、巫术，特别是儒家思想其中包括孝道的影响，汉代以孝为先，以孝治国，其中「举孝廉」制度和当时「崇饬丧纪以言孝」的风尚的熏染，把厚葬之风推向高峰。王侯、达官、富人，希望把生前的富贵荣华带进死后的坟墓，遂掀起了一股厚葬之风，就连庶民百姓也争相效法。于是，墓室里出现了各种生活及神话场景。

◉在文献记载和考古发掘中发现，春秋、战国及秦汉初年的宫室殿宇的墙壁上都绘满壁画，以作装饰。在汉人视死如生思想的影响下，汉初的贵族墓中也出现了大量壁画；受此影响，到西汉中、晚期的下层人物的石椁上，出现了简单的雕刻画像。此种画像能长久保存，于是得到更多人的认可，画像也并由简到繁，由阴线刻到浮雕。

◉而当地的冶铁业（《汉书·五行志》中说：「沛，有铁官」），为画像雕刻打制了锐利的工具；遍山的石灰岩，为石刻画像提供了大量的石材；又有一大批绘画、雕刻技艺娴熟的工匠，这都为厚葬、装潢墓室提供了必备的优越条件。因此，水到渠成，淮北地区便出现了规模形制大小不一、内容形式丰富多彩、史诗般的汉画像石。

◉汉画像石，被称为汉代社会的百科全书，它向后人诉说着汉代的政治、经济、文化和风俗等方面的变化与发展进程。著名历史学家翦伯赞评说：「我以为除了古人遗物以外，再没有一种史料比绘画雕刻更能反映出历史上的社会之具体形象。同时，在中国历史上，也再没有一个时代比汉代更好的在石板上刻出当时现实生活的形式和流行故事来。」汉画像石历经一千多年之后，依然给后来的文化艺术的发展繁荣以深远的影响，使中外观众叹为观止，并给后人以启示……■

汉画像石图释

伏羲女娲图

纵八一厘米·横五〇厘米

◉东汉，萧县散存，减地浅浮雕。图饰幔纹、齿纹。图中伏羲、女娲身体交缠，其身躯内有马、羊等动物，下有二人首蛇身小人物。《文选·鲁灵光殿赋》中说：「伏羲鳞身，女娲蛇躯。」伏羲、女娲被古人奉为圣皇，伏羲、女娲的上部身躯内有鸡和羊，不但意为二神创造家禽家畜，因鸡羊与吉祥谐音，所以还有吉祥之意。下躯内有牛、马，为人们农作、出行等提供了条件；下方二小人物喻为创造出的人类。上古还传说女娲抟黄土造人，在《淮南子·览冥训》中说：「往古之时，四极废，九州裂，天不周载……于是女娲炼五色石以补苍天。」而在《风俗通》（《路史·后记》引说）：「女娲，伏希（羲）之妹。」唐代李冗在《独异志》中说：「昔宇宙初开之时有女娲兄妹二人，在昆仑山，天下未有人民。议以为夫妻，又自羞耻。兄即与妹上昆仑山，咒曰：『天若遣我二人为夫妻，而烟悉合；若不，使烟散。』于烟即合。」据《易传·系辞下》记载，伏羲发明了八卦，使人们有了数的概念；教人结网捕鱼和狩猎等，使人类得以生存。二神有创造人类和万物之功，所以人类感其恩图其形，以示敬仰并祈求护佑，造福于人类。题记在《伏羲女娲图》的侧面，「建宁四年」等字依稀可辨，但难全文识别。建宁，为汉灵帝年号，建宁四年，即公元一七一年。■

伏羲女娲图

款題建寧為漢靈帝年號 伏羲女媧為漢畫中常見題材 但差異較多 此圖下有人首蛇身 二小人 其有馬羊等物 示伏羲女媧創造萬物也

刁君庵識

伏羲女媧圖

熹平建寧為漢靈帝年號伏羲女媧為漢畫中常見題材但差異較多此圖下有人首蛇身二小人並有馬羊等物示伏羲女媧創造萬物也

刁君甫識

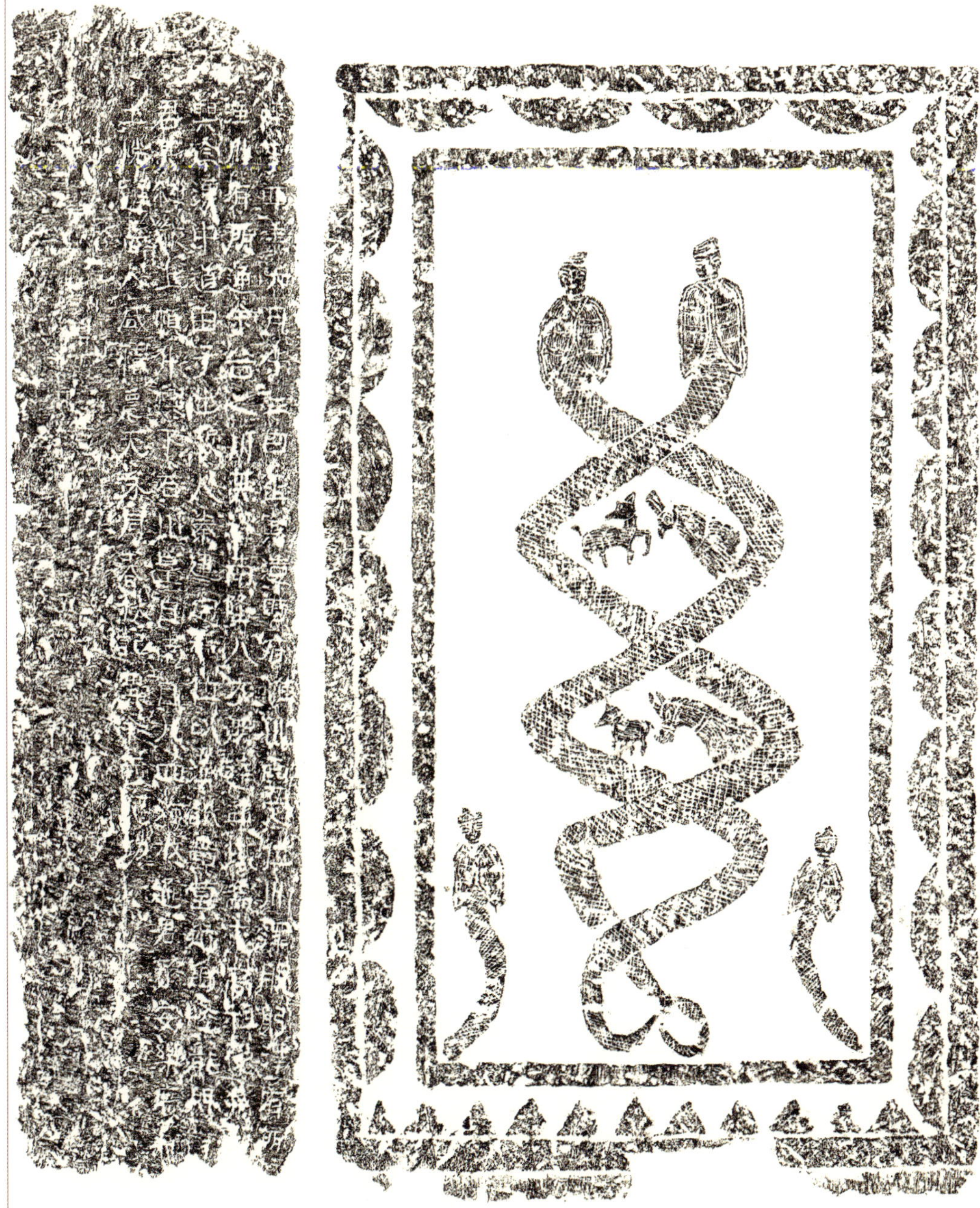

后羿射日图

款署元和三年为汉章帝年号。楚辞天问羿焉彃日王逸注淮南子尧时十日并出草木焦枯尧命羿射十日中其九日日中九乌皆死堕其羽翼。羿古文作羿。

宪堂汀生书

后羿射日图

纵九三厘米・横二七厘米

◉东汉，萧县民间藏，萧县虎山粉碎机旁发现。图分二格。图上部饰幔纹，下饰齿纹。下格，下方一天犬旁后羿张弓仰射一日。《楚辞・天问》：「羿焉彃日？」王逸注：「《淮南子》言尧时十日并出，草木焦枯。尧命羿仰射十日，中九日……故留一日也。」再往上有一仙人两手各拉住双头龙之须，最后有双朱雀相戏。《山海经・海外东经》：「虹虹在其北，各有二首。」河南南阳汉画馆也有此形象，称之虹。因此，此双头曲身之龙应为虹。上格，题记为：「君讳句莞邯郸之人也其祖避始建之乱沂奚王参亲古人节义事不闻避辅政子孙昌生事之以礼死葬之以礼祭之于以莫以宗室牖下破家而□元和三年七月甲申造」。题记中「始建」，为王莽的年号。王莽篡位后战乱烽起，「避始建之乱」之述，与文献互为印证。◉传说羿做了八件好事，其中「射九日」，特别赢得了人们敬仰和赞颂，是一位为民除害的英雄。然《左传・襄公四年》中则说，羿居穷石（古国地名，在今河南洛阳南），为有穷国君，「恃其射也，不修民事而淫于原兽」。羿又成了善射而不治理国家的国君。其旁天犬「可以御凶」（《西次三经》）。但是，传说并没有完全把他描绘成一位万能的神灵，而是把他塑造成一位手持弓箭的「神射手」，使后人既感到羿身上有着神奇的光彩，又是一位现实生活中的人物。因而，增强了这则神话的感人力量。▣

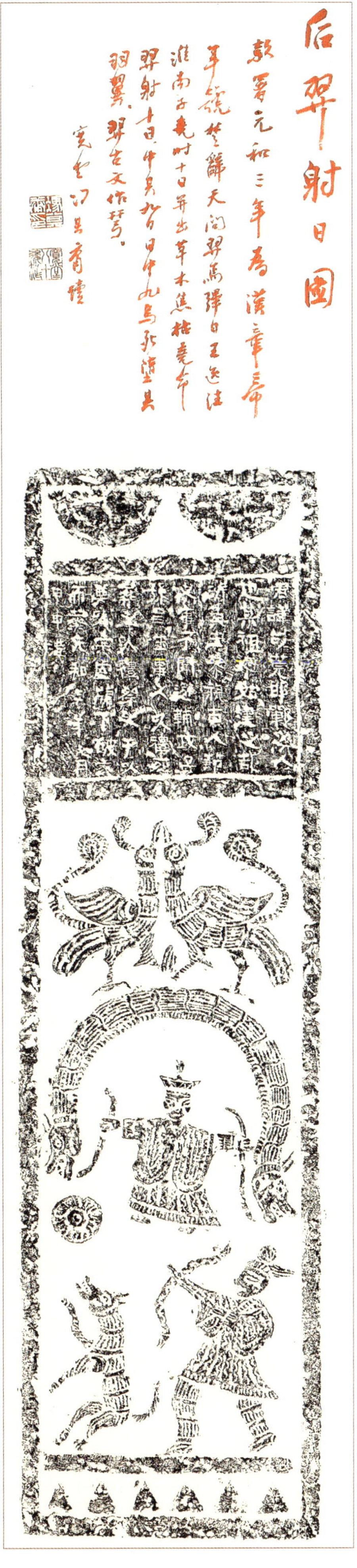
后羿射日图
款署元和三年为汉章帝年號。楚辭天问：羿焉彃日？王逸注：淮南子：尧时十日并出，草木焦枯，尧命羿射十日，中其九日，日中九鸟皆死，堕其羽翼。羿古文作𢏚。
宽堂冯其庸读

众宾拜谒图

纵七五厘米·横一三八厘米

◉ 东汉，淮北市民间藏，减地浅浮雕。图分三格，图中边饰双层斜线边框。下格右方，一人躬身在门旁迎接来宾，车骑队伍中部一轩车，两侧有导、从车各一；导、从骑各一。二格右方，一谒者出迎四名客人，左边屋内众宾上楼。上格，楼两侧各一双龙盘绕之阙，其下有持笏（笏，为大臣或家仆用于记事用的竹、木或玉的手板）侍从。楼两侧各落一凤，其下各二猴，屋檐有小鸟栖息。楼内，主人居几边，两侧有众宾拜谒。上有两排休息之宾，交头接耳。图下格左方，马身的后部没被刻出，是给人以联想空间，让人感到后面的车骑不绝于途，人喧马嘶，声势显赫，与上格众多的宾朋相呼应。楼内主人居几后，汉代礼制中有年老者和有身份的人才被赐以几杖。楼上休息的来宾看似分为二层，实为家中人多拥挤的一种表现，而不是二层楼台。此图在极力渲染墓主死后与生前同等的威仪和门庭若市。工匠采取分格的手法，对事情发展的过程予以连续表现，上下连贯、自然。上部斜楼梯的设置，把楼下、楼上连为一体。构图饱满，富有装饰性。■

二桃杀三士

纵七七厘米·横一一〇厘米

◉东汉，宿州市民间藏，减地浅浮雕，图分二档。右档，边饰幔纹，图左晏子面带微笑坐于榻上，对面三勇士为田开疆、公孙接、古冶子，正争吃一高足盘中二桃。三勇士怒目圆睁，一副剽悍之气。此图把晏子的智慧与三士的刚烈无谋表现得一览无余。左档边饰幔纹，中间题记：「汉安元年十月六日仲秋己寅疾匆铭其丧□煎诛躬休其□□不惕杨□□今发叹中终□山在弱□阴冠□狱嘉口君吐和□□和震□□同口流朝□□芳乡□□光□□同庶民遵□丝放」。《晏子春秋·内篇谏第二》载：齐国景公时有公孙接、田开疆、古冶子三勇士，在他们经过齐相晏婴面前时，没向他行礼，晏婴因而感到他们三人这样傲慢，不除去会对以后的齐国有害。于是，晏子就对景公表示应该除掉他们。后来晏婴请景公派人送去了二颗桃子，并说谁的功劳大才可以吃桃。公孙接说：他曾经和野猪、老虎搏斗过，因此可以吃桃，伸手拿了一桃。田开疆则讲，他以自己的勇猛，二次打退敌人三军的进攻，也可以吃桃，遂拿了一桃。古冶子则大叫说，他在随国君过河时，鳖咬住了左边拉车的马，并拉到了河中央，那时他还不太会游泳，就在水中潜行并杀死了鳖，救国君这样的功劳是没人能比的。公孙接、田开疆听后说，我们没有你勇敢，功劳也没你大，却太贪心，不死就不是勇士。皆送回桃子，拔剑自杀了。古冶子见此景情，说：「你们二人死，冶独生之，不仁。」便也自杀了。诸葛亮《梁甫吟》：「一朝被谗言，二桃杀三士。」谁功谁过，说法不一。汉代的「独尊儒术」，把儒家思想列为治国之本，是政治上主导思想，儒家思想被大力宣扬，并以壁画的形式出现在官府、民间。目的在于「成教化，助人伦」及「恶以诫世，善以示后」，并使人们感到「宣帝之时，画图汉烈士。或不在其图上者，子孙耻之。何则？父祖不贤，故不画图也」。给人们灌输尊君、孝悌等思想，以便统治天下。■

二桃殺三士

款署漢安爲順帝年号，按漢安無三年，三年即建康元年，四月改，刻此石在四月前也，亦或未知改元也。

寬堂馮其庸識

扶桑百戏图

纵八一厘米·横一四五厘米

◉东汉，萧县民间藏，减地浅浮雕。边饰斜线纹、幔纹，图分二格。上格右起，三个绾高髻女子席地而坐，各击一鼓，一人跳九丸，一人踏鼓而舞，一人倒立；最后三戴冠男子席地而坐，各击一鼓，旁放一壶，是投壶游戏之用具。下格，右边扶桑相互交缠，树上有飞鸟，树下有一兔、一卧羊和一男子射鸟。《十洲记》：「树两两同根偶生，更相依倚，是以名为扶桑。」是相亲相爱之意。图左屋两侧各立一侍者，屋内妇人坐于榻上，手抛一物。屋上有凤和飞鸟。

百戏节目是汉代官与民爱看的娱乐节目，是由古代巫师为娱神而后转化为娱人。图中人一边连续抛接九丸，一边踏鼓，显出其技艺不凡；舞者双袖飘扬，在地面的二鼓上且踏且舞，自然舒展，身姿轻盈优美。倒立者单手支地以足蹈天，另手击鼓，生动可爱。下图扶桑相互缠绕，如胶似漆，反映出墓主夫妇希望「长相思，勿相忘」。树下的伏兔卧羊增添了庭院的生机，把阴宅人间化，也使庭院有自然和谐的「象生」感。■

初平二年画像石

纵五六厘米·横一二〇厘米

◉东汉，宿县散存，减地浅浮雕。图上饰幔纹，下饰齿纹，图分二格。上格有仙人驭龙及凤凰、飞鸟数只。下格中部屋外两侧各立一侍者，右方站立一人。两侧题记为：「君讳全字辛天陵水之人其先盖泰之□也汉永寿乙未年宋参迁于□水治地其子孙百余重之以佟仪货枝叶之峻茂前圣以节中贤孝之性相生于心苟余情　以练要以养季祖其事嫡母先意是存亡之敬其子孙亲其亲致欢继宋参□世载德不陨尊名子孙不外游致终慎悲思初平二年三月申戌造」。◉初平，为汉代最后一个皇帝——汉献帝年号；初平二年，为公元一九一年。龙被认为是仙人的坐骑之一，汉铜镜铭文中有：「驾蛟龙，乘浮云。」与图中仙人驭龙都反映了汉代求长生的强烈愿望。图下格中部，一女子绾椎髻。椎髻式样如《汉书·陆贾传》颜注所说：「一撮之髻，其形如椎。」椎髻多为成年妇女发式。左旁之房屋两侧各立一人，应为侍者，常见墓中画像主人形象多突出高大，所以椎髻者应为主人，她正向阴宅走去，宅旁侍者已恭候主人来临。▣

書法及文字者可參也
汀吾甫謹記時年八十又三

吠絲憂吠嗇季祖
其事婦母先意是
存亡之敬其子孫
親其親致奴繼宋
恭承世載德不隕
享名于際不外游
致終慎悲思祠乎
二年三月甲戌造

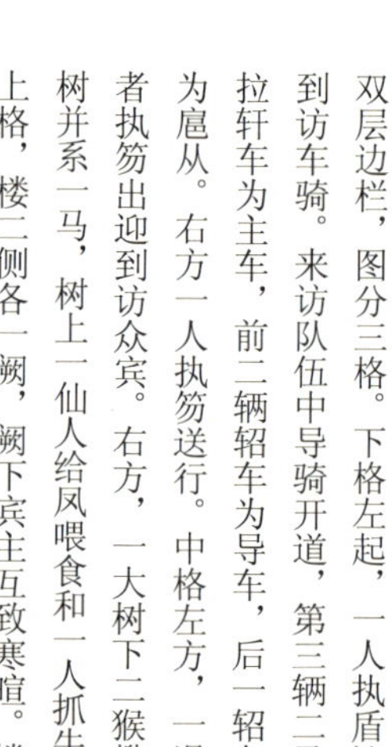

谒见图

纵八二厘米・横一三八厘米

◉ 东汉，萧县民间藏，减地浅浮雕。图边饰双层边栏，图分三格。下格左起，一人执盾迎到访车骑。来访队伍中导骑开道，第三辆二马拉轩车为主车，前二辆轺车为导车，后一轺车为扈从。右方一人执笏送行。中格左方，一谒者执笏出迎到访众宾。右方，一大树下二猴攀树并系一马，树上一仙人给凤喂食和一人抓牛。上格，楼二侧各一阙，阙下宾主互致寒暄。楼下两侧，执笏之宾拜谒主人；楼上，主人居几后，两侧各一人捧笏谒见。屋檐两侧各攀一龙。图下格连车列骑，有迎有送，显示出熙熙攘攘、尘土飞扬的情景。中格左方有一谒者持笏迎宾，来人也持笏进入，说明来者不是主人归来，而是宾客到访，此图表现了墓主生前的荣耀。构图也是充天塞地并与众多宾朋的到来互为呼应，起到增强气氛的作用。■

迎宾博弈图

纵六五厘米·横一五七厘米

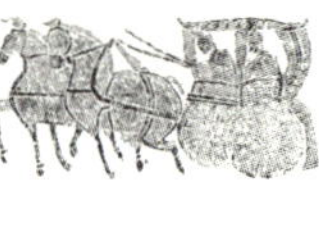

◉东汉，宿县散存，减地浅浮雕。边饰幔纹，图分二格。上格右方，一手持钩镶和剑之人与另一持剑之人相搏，左方一持斧者砍持剑之人。一站立者观看身旁的一人拉弓射猎动物，所发之矢已射入山边一兽身上，山中还有鸟兽隐伏。

下格右方，一轺车前有二马拉四帷轺车，为主车，前有一持戟之吏开道，并有一谒者出迎（谒者，主上传下达之职）。左方，户外左边，一吏站立，楼下宾主互致问候，相让上楼；楼上，宾主对坐，中间置耳杯，博局。古代四季狩猎分别称春蒐、夏苗、秋狝、冬狩。也是国家在农闲时练兵备战的一种手段，以提高战斗力。故此，汉代有「迫近戎狄，修习战备，高上气力，以射猎为先」（《汉书·地理志》）。图中应是狩猎习武，演习完毕后回家的场景再现。■

以共齊起乙酉牡丹節

迎宾图

纵五二厘米・横一六五厘米

◉ 东汉，萧县民间藏，减地浅浮雕。图上部饰云纹，下饰幔纹。左方一亭长持盾迎宾。盾为作战时防御工具和迎宾时的礼仪用具。一马拉轺车前坐驭者，后为官员。前一导骑开道，后一骑扈从。图上部，大云层中夹小云朵相互连接，曲折缠绕，表现出天空中云雾升腾之象。山东苍山出土的「元嘉元年」题记中有：「台阁参差，大兴舆驾，上有云气仙人，下有孝及贤仁。」可知仙人需云气，灵魂升仙也需云相助。前方亭长躬腰低头，尽心尽职。《汉书・百官公卿表》载：「大率十里一亭，亭有亭长。」《续汉志补注》说：「亭长课缴巡。尉、游徼、亭长皆习设备五兵。五兵：弓弩、戟、刀剑、甲铠。……带剑佩刀，持盾被甲。」亭长掌治安警卫，兼管停留旅客、治理民事。其头戴的武冠是用细疏的穗布包裹在外，内里周围裹细竹筋，顶用竹圈架支撑，内衬赤帻。画像石中的武冠，常刻出网纹来表示质地细疏的织物。河南洛阳博物馆藏的光和二年王当买地券文中有：「敢告墓伯，魂门亭长……」是巫师以天帝名义给地下官吏发的命令。因此，可以认为此亭长是迎接新鬼的「魂门亭长」，此处车骑相连正在向另一生活世界——阴界进发。■

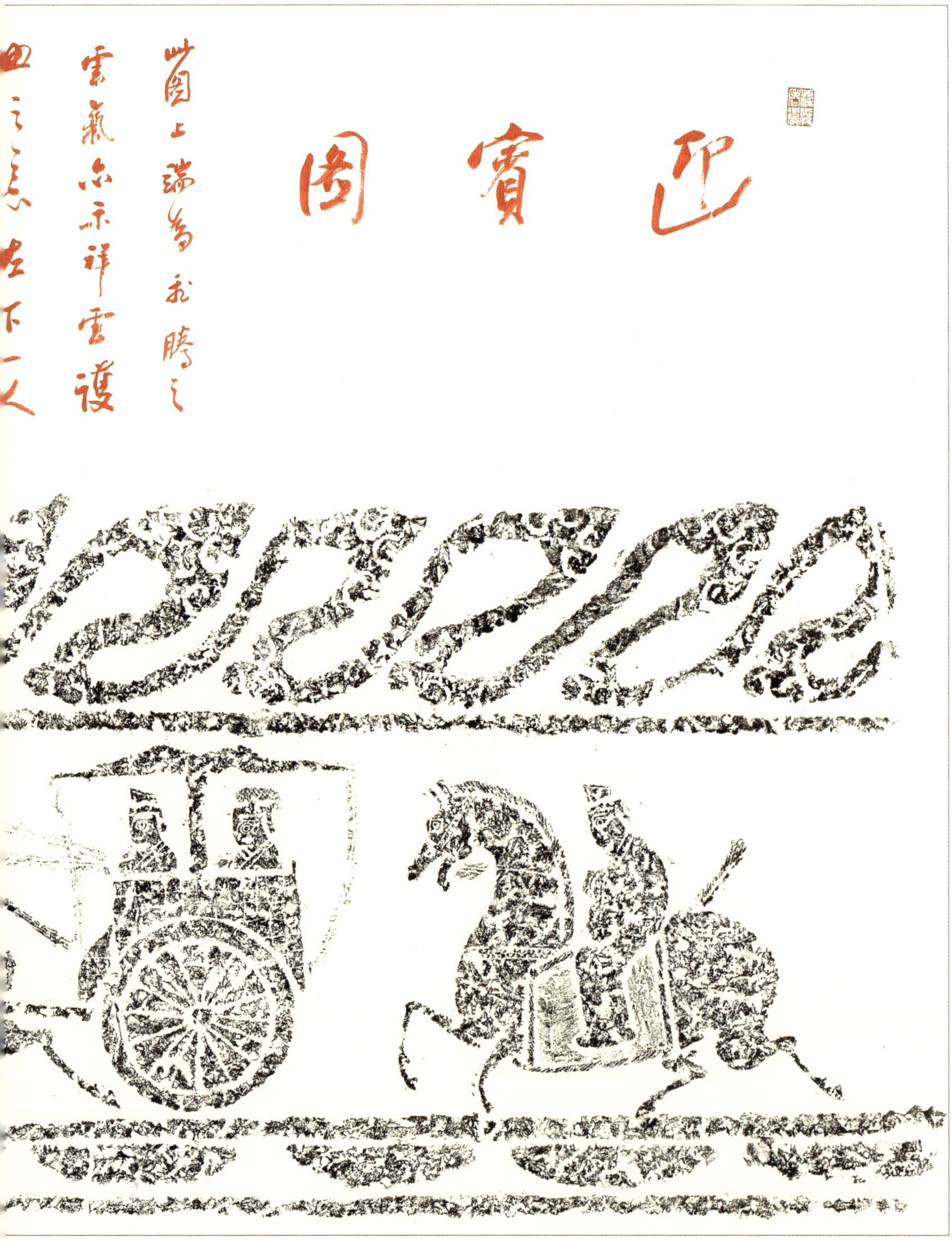

身身持盾迎候
另一马拉之轺
车上乘二人车
前后有导从
骑各一人此
图为汉画石中常
见之题材惟此
画象完整艺术
颇高人物车马均
极传神尤为
难得
宽堂冯其庸
题时年八十
又三

雙鋪首

此石出於淮北亞為墓門之橫件兩側有

双铺首

纵八八厘米·横一三三厘米

◉ 东汉，淮北市民间藏，减地浅浮雕。图分二格，每格刻一铺首，周边饰幔纹。双铺首上部饰棱形纹间以斜线纹和勾状云纹。图两侧各刻三行题记，字迹多有不清，难以识别。此石为石椁墓之前门，铺首是墓门上常见之物，为辟邪驱鬼之意。■

二桃杀三士

纵九六厘米・横八八厘米

◉东汉，宿州市散存，减地浅浮雕。图上部饰波浪状纹，下方饰棱形纹，图分三格。下格为二桃杀三士的故事。左方一人拔剑自杀，旁边有二佩剑之人观看。三人当为田开疆、公孙接和古冶子。后伸开双臂者为晏子，最后立于二卫士。中格为群兽相戏。上格右起，二人举灵芝，王母坐于榻上，旁有一人撑华盖，左边站立一人，旁有二玉兔捣制仙药，最后一羽人献芝草。◉此图不是以表述三士自屠故事为主，而是重在赞颂三士在生死关键时刻的胸襟和品格，祈望这三位仁义君子升天，与墓主朝夕相伴。看来，墓主人是以三士自诩，标榜自己。▣

二桃殺三士

以其甫題
乙酉暮春

送箭圖

此圖下欄似為送箭之車上欄似為報告主人箭已送到此類漢畫中不多見者

憲堂劉君屬題

送箭图

纵八九厘米·横九三厘米

◉东汉，宿州市民间藏，减地浅浮雕。图上部饰水波纹，下饰水波幔纹，图分二格。下格左起，一吏持戟，一吏持便面，一无盖马车上放满造好之箭，车上有造箭之吏押送，马前有卒牵马。上格右起，树下立二侍者，屋内，外厅右边立一侍者，中跪送箭之吏，向面前持笏而立的上级官吏告知箭已送到。内室主人坐于榻上休息。下格左边一吏持戟、造箭人随箭车而行和马上飞鸟的装饰，生动有力地表明押送兵器必须做到安全、如数和急速送达。此图分成五块，错落有致，用一整格突出了押运兵器的重要性。上格左边内厅端坐的墓主人，生前可能做过掌管兵器的官吏。■

送箭圖

此圖下欄似為送箭之車上欄似為報告主人箭已送到此亦漢畫中不多見者

吏堂以昌書題

百戏图

纵八五厘米·横一三三厘米

◉东汉，萧县民间藏，减地浅浮雕。图中边饰斜线纹。图下部左方，三人击掌和节而歌，一人抚琴，一人起舞。酒樽旁有一人倒立，一人跳丸。一头二身的兽形插座上贯一鼓并饰有飘带，旁有二人击建鼓。按《礼仪·大射仪》：「建犹树也，以木贯而载之。」即是指在鼓中间穿一长木，下有插座，建鼓是汉代常见的乐器。最右端树下跪二人，立一人，树上落一凤鸣叫，旁有二人比武和一人戏鸟。图左方，上方悬鱼和猪腿，旁有二人取肉，一人俎边切肉，并有一犬等残食。◉百戏，源自远古的祭祀活动和巫术礼仪，到春秋战国时，则由原来的娱神逐步演变为娱人的民间歌舞和包括杂技、游戏等多种表演艺术，并走进了宫廷和富豪人家。到了汉代，把器乐、歌唱、舞蹈、杂技等的表演艺术，推向了成熟和辉煌。据《史记·高祖本记》中载，刘邦平定黥布叛乱返乡期间，曾向沛县子弟一百二十人教歌，酒酣时既歌诗又起舞；《西京杂记》中说，刘邦爱妾戚夫人既「善鼓瑟击筑」，又特别「善为翘袖折腰之舞」。《汉书·武帝纪》载：元封三年（公元前一〇八年）春，长安作角抵戏表演，三百里的官吏黎民都来观看，可见汉代舞乐百戏之盛况。

◉东汉沛国的舞乐百戏，也在频频出土的画像石中表出现来。乐器有：打击乐的建鼓、鼗鼓、铙，管弦乐有排箫、瑟、竽、埙、笛等。舞有：建鼓舞、长袖舞、踏鼓舞等。百戏有：跳丸、倒立、角抵、蹴鞠和魔术等。此类形式的表演项目和现在的「杂技」基本相同。◉这幅《百戏图》在构图上是以建鼓为中心，把画面分成左上左下、右上右下四个并不均等的活动空间，打破了各个画面均等的呆板组合；几组表演节目的人物，通过参差错落的处理，既生动多姿，又疏密有度；而凤鸟、猴、犬等祥禽瑞兽的补白，使画面显得丰满而又有生活情趣。■

张恭收租图

纵九二厘米·横一二〇厘米

◉东汉，宿州市民间藏，减地浅浮雕，图分二格。图上部饰水波纹，下部饰水波纹和幔纹。下格有一鸟头兽和开明兽。《山海经·海内西经》：「开明兽身大类虎而九首，皆人面，东向立昆仑上。」昆仑山上「面有九门，门有开明兽守之」，因而开明兽为守护神。上格右方有太阳，一人担筐，另一人背袋去交租，前面有一人监收。旁边露出远山一角，山中有飞鸟、奔兔于其间。左边屋内张恭正在酒樽前进食。下方楼梯处，一人上楼，旁堆放一堆谷物。图左题：「永元二年中朔十月五日张恭以行思存道义非存利性在云山不在城除旧俗兴社稷开新思路利民生云生白黄帝城犹丽流自黄天荡以□平流鱼景观明月小树禽言数落芳源远流长其沛□□日目爰耽思社稷竭余力俯首人民毕一息生平竭力亿民有□□无忧万事空□□始世夫营本目古节民首礼行世水之人空色相」。◉永元，为汉和帝年号；永元二年，为公元九〇年。此图展示了冥世中坞堡庄园主收租的情景。庄园主的家人把张恭比喻为天上的太阳，降恩泽于民。家内粮仓已堆积如山，且又有鸟头兽和开明兽把守，可谓安全。这位庄园主在屋内饮酒时，屋外烈日下，二佃客女子肩挑背驮粮食沿楼梯前来缴租。这方画像石暴露出贫富悬殊的矛盾，但庄园主和佃客依然保持着相互依附的关系。这种相互依附的关系，对推动当时生产力的发展，具有一定的积极意义。榜题如图，称赞这位已故的庄园主「俯首人民」「除旧俗，兴社稷，开新思路」。其中，「开新思路」和「俯首人民」二词，在汉画中极为少见，颇觉新鲜。■

張恭收租圖

此圖題永元二年為後漢中期此圖有長題隸書可資研究收租為封建社會習見現象圖中上格左邊主人張恭正在宴飲右邊即為担糧交租者

古稀老人寬堂馮其庸八十又二

针灸图

纵五七厘米·横一五五厘米

◉东汉，宿县散存，减地浅浮雕。图分二格，边饰幔纹。上格左方，一男子手持一物刺向一长方物体，旁有男子跽坐和一人作舞蹈状。下格左方，扶桑树下一犬起身观望右方二人抬一犬，右边一人躺地，腹部凸起，旁一人持针刺其腹。图右方，屋上红日升起，屋内二人对坐，中置一壶，上有一物飞行，屋檐有垂帐。屋外右方一侍者立。图两侧题：「元诖元年丙寅朝本明司马长史而君慷慨志　存□御□□芳风□手□□陈龙□将军」。汉代无「元诖」年号，「诖」字也不吉祥，看其雕刻物象与技法均为汉代之物。▣

針灸圖

此圖題元諡元年 按漢無元諡年號 且
諡意為漢字義不祥 不可能用作年
號 當是綏字 或是元嘉 音近而誤乎
大不可考 而圖下格一人側坐 腹部隆起
似為病例 一人持針刺之 似為施針
治病 以此為圖耳 此圖書法在篆隸
之間

竹君齋讀 乙酉春暮

天凤六年画像石

纵五三厘米·横一三六厘米

◉西汉，河南永城市散存，减地浅浮雕，图分二格。上格左起，一头戴平顶冠之人后有一羽人戏九尾狐，一熊（方相士）与一人作驱疫表演，一骑鸟人后有一翼兽和一凤鸟。下格左起，一人肩担手提三只樽，作去沽酒状；扶桑树下有一人坐石上手舞足蹈，房屋内一侍者立和二主人交谈。屋上有二只飞鸟给小鸟喂食。最后有一头尾皆长鸟头的四足兽，与旁边一熊作对峙状，上方一飞鸟。右边题记：「父讳字安吉祖之先出百□系商王帝乙之长庶子后世以兴郛至宋参洗心服德举孝廉恤民之□存慰慰年高抚育鳏寡以家觅诗雅游贤士修身积善官位不登明使学嵯峨望太山之松长青父高升极天凤六年八月甲戌造」。◉此图题记中的「天凤」是王莽称帝时的年号，天凤六年，为公元一九年。王莽统治期间，法令苛细，赋役繁重，民不聊生，社会动荡；至天凤元年时，各种社会危机，益发严重。图像中的屋内，为墓主人与生前故友晤谈，并遣仆人挑樽沽酒宴宾的情景。上格为祥禽瑞兽，表明墓主人祈求平安、健康的愿望。■

天鳳六年畫像石

天鳳為王莽年号天鳳六年為王莽代漢之第十一年在漢畫像石中有王莽年号的畫像石極為少見此石有較長之題記類似墓志銘此種題記在畫石中常見實已具墓銘性質又此石天鳳之鳳字写作风即今之简化字蓋今之简化字大都形自歷史上民间之简化字也

乙酉元宵寅生汀吴簡謹識 时年八十又三

深山作战图

纵四三厘米・横一五六厘米

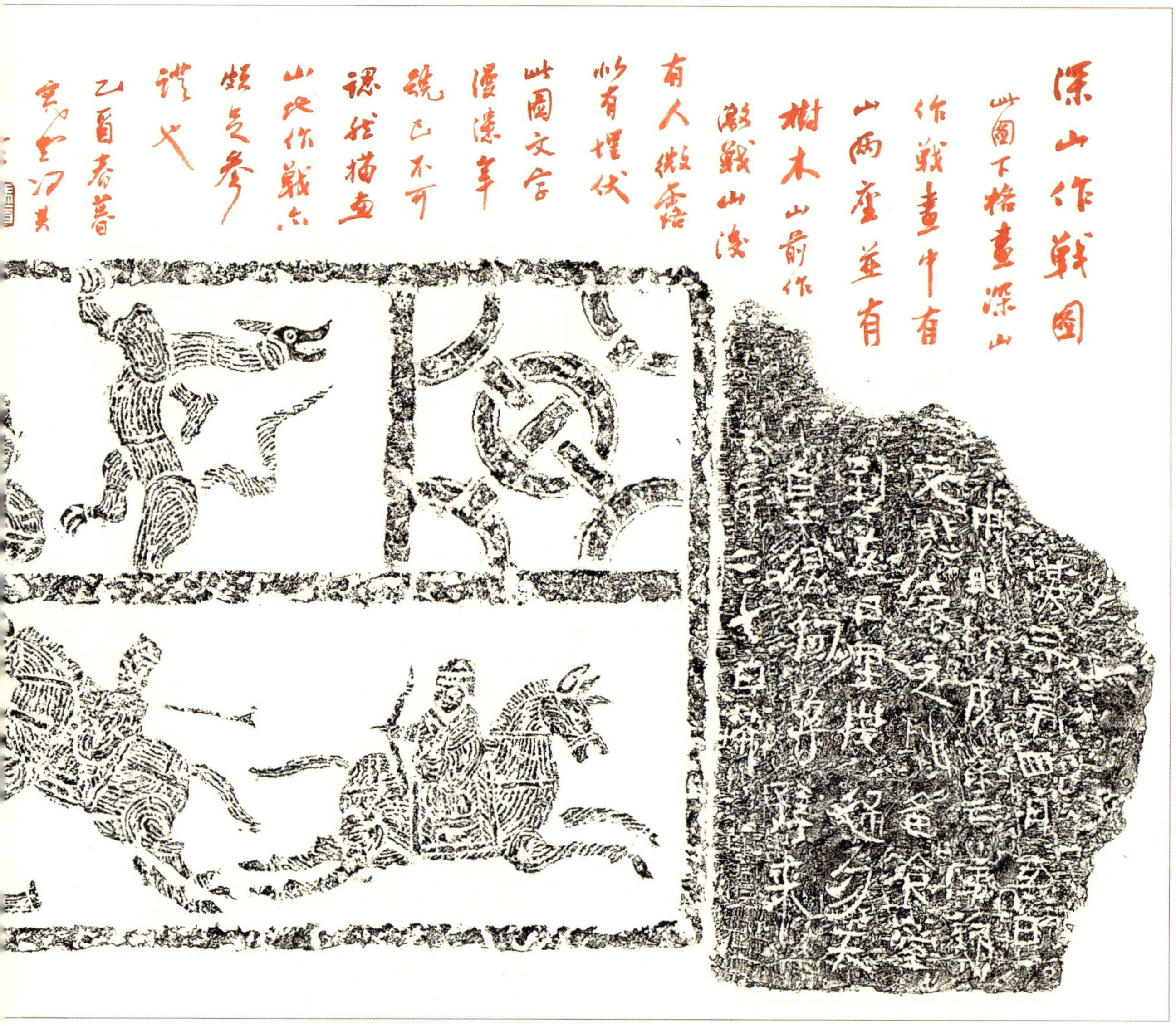

◉东汉，淮北市散存，减地浅浮雕，图分二格。上格，两边饰十字穿环纹，中部一猛虎行走，旁有一动物。下格，两座山上有林木，山间左一胡人持戟，中一人双手操弯刀与骑马持矛者对搏，中部山上有身在画外持戟和弯刀的胡卒人头，表明山上也有许多人在拼杀。山右一战死者倒地，右方一骑左行参加战斗，最后一骑右行回身向左方山中胡人射去一箭。右边题记：「汉□□四月五日申时环戊桑亡弟□文悲哀之此备石堂到□□□岁通勿天皇□何子孙来□□七日葬」。表现社会现实生活，特别是反映胡汉征战的画像石，与我国其他地区相比，是淮北地区汉画像石的一个十分突出的特征。当我刚开始研究汉画分布和内容时，发现了一个很困惑的问题，即：地处抗击匈奴入侵前线的晋陕北部，那里为什么表现胡汉征战内容的画像石极为罕见，而远离匈奴二千里外的沛郡（国）却屡屡发现呢？在翻阅了大量资料后，这个问题方才释疑。晋陕北部的画像石，大多产生于东汉早中期，到顺帝五年后，便越来越少了。此间，恰恰是汉、胡两族相对和平稳定相处的时期；在此之前，当地有大量驻军和移民实边；干戈烟尘停息后，驻军和移民利用他们从内地带来的农业、手工业先进技术和文化信息，屯田农耕，发展文化，给这一地区带来了农牧经济和文化的一度繁荣。因此，描绘农牧业生产、狩猎和以军事为目的的狩猎习武备战，成了当地画像石最具特色的内容。一些沛国守边的将士，死后又回故乡安葬。因此全部问题，也很快找到了答案（见《胡汉征战・汉人迎战图》图释）。此图的墓主人，想是当年曾在北方的抗击匈奴征战中立过功劳，以此显示英雄经历。▣

六博图

纵五四厘米・横五一厘米

◉东汉，萧县民间藏，减地浅浮雕，图分二格。下格右方，二人为左方骑马出游的主人送行，其中前一人执金吾。上格二人相对六博，二人都在双目贯注、举臂呼喊。中间下方承旋上放置一樽，樽内有一勺，旁有二耳杯斜放，意为宾主已经喝醉。上方案上放有一博局，旁边有一垂幔，表明是在房内的场面。六博也称陆博、六簙。古代博戏有多种玩法。此图与《楚辞・招魂》中：「有六簙些」、「成枭而牟，呼五白些」之说同。高亨《楚辞选》中说：「一个长方形的棋盘，狭面六格，宽面画十二格。十二格正中间叫做水，水中摆三个鱼。十二个棋子，六白六黑。五个骰子，方形、六面，有相对的二面是尖头，其余四面是平的。每面分别刻一画、二画、三画和一面不刻画。六个筹码。二人分别掌握六个子，都放在自己一方靠植盘边的六个格上，掷骰成彩，才得走棋。棋到水边，便竖起来，叫做枭棋。再掷骰成彩，便入手牵鱼；牵一鱼得二支筹码。二人的棋相对叫牟，牟读做侔，相等之意。当『成枭而牟』时，掷骰得到五个骰子都是不刻画的一面在上，叫『五白』。掷得五白，便可杀对方枭棋，所以下棋的人要喊五白。」得筹多者为胜，输者要被罚喝酒。◉六博图像大量出现于汉画像石上，是盛于战国到汉代的文娱活动。韩国与朝鲜等地也出土过此类文物，可见其影响之大。《史记・滑稽列传》：「若乃州闾之会，男女杂坐，行酒稽留，六博投壶。」说明六博是较为重要的娱乐节目。■

六博圖

六博图

纵五〇厘米·横一一〇厘米

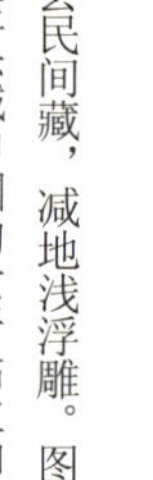

◉东汉，萧县民间藏，减地浅浮雕。图中左右各一阙，其下左头戴巾帼的女子站立和另一女子灶前做饭；右阙下有戴冠男子井边汲水，水井上有支架，中贯一辘轳，以绳缠绕引器物取水，此类井在二十世纪七十年代前的农村也常见。屋内夫妇对坐饮酒、六博，中间放置博具、樽和耳环。屋上方有日月升起，其间有二鸟比翼飞翔。两侧题记为「建和二年」等字，多不清晰，难以辨识。「建和」为桓帝年号，建和二年为公元一四八年。▣

六博图

此图建築图形突出题建和二年刻是後漢桓帝时代

王升升仙图

纵六九厘米·横五二厘米

◉北朝，东魏，萧县民间藏，减地浅浮雕。图下方有三鱼拉车，车下有一龙相托，上有二鱼作车盖。王升坐车后，前一驭者驱鱼飞升。下方有二龟相戏。上方有飞鸟数只和手拿拂尘、骑于鸟身上飞翔的成仙之人及天马腾空。两侧题记：「天平元年二月十九物故庆□功□□要敬而员空闭健武□　王升字□纪明灭动□□日清奉承杓绞亿弜□主亘君」。◉题记中「天平」，为东魏孝静帝年号，天平元年，为公元五三四年；由此可知，东魏墓葬中仍有画像石。另外，萧县城东南四十里董庄村南山下的「宋墓」，一九九〇年被盗掘后，笔者曾前往考察，见墓砖长侧面有十字穿环的汉砖饰纹，但短侧面的人物服饰与汉代不同，却与已出土的南北朝陶俑的服饰一样。《萧县志》（中国人民大学出版社出版）对此「宋墓」的墓主人有模棱两可的两种说法：一是为相传的原籍、身世不详的（赵）宋白马王墓，一说是南朝宋开国皇帝刘裕的孙女。刘裕，萧县城南二十里四面被水包围的绥舆山人，其母墓在「宋墓」西北二十里马楼村山坡下。宋墓主人是刘裕，还是其孙女，这不是我们考证的方向，但从「宋墓」墓砖中画像可知，墓主人决不是（赵）宋的白马王。所以举出此例，旨在表明，画像石并非因汉末、三国时的战争在该地区消失，而至少延续到南朝宋和东魏。◉许多画像石上有「像家亲」及自画像，说明图中鱼拉车的乘坐者不是河伯，而应是墓主王升，是在描述王升死后升仙的情景。三鱼张口鼓目，鳞甲毕现，奋力张航。鱼大人小，比例失调，表现出了稚拙可爱的情趣。神龙曲身张口，形态优美，展示了龙体的柔韧性。▣

王升升仙圖

此石署天平元年，按漢世無天平，此為東魏孝靜帝年號，去漢世已三百餘年，然書法仍為漢隸，畫像亦仍漢時風格，可異也。

汀昌齋讀

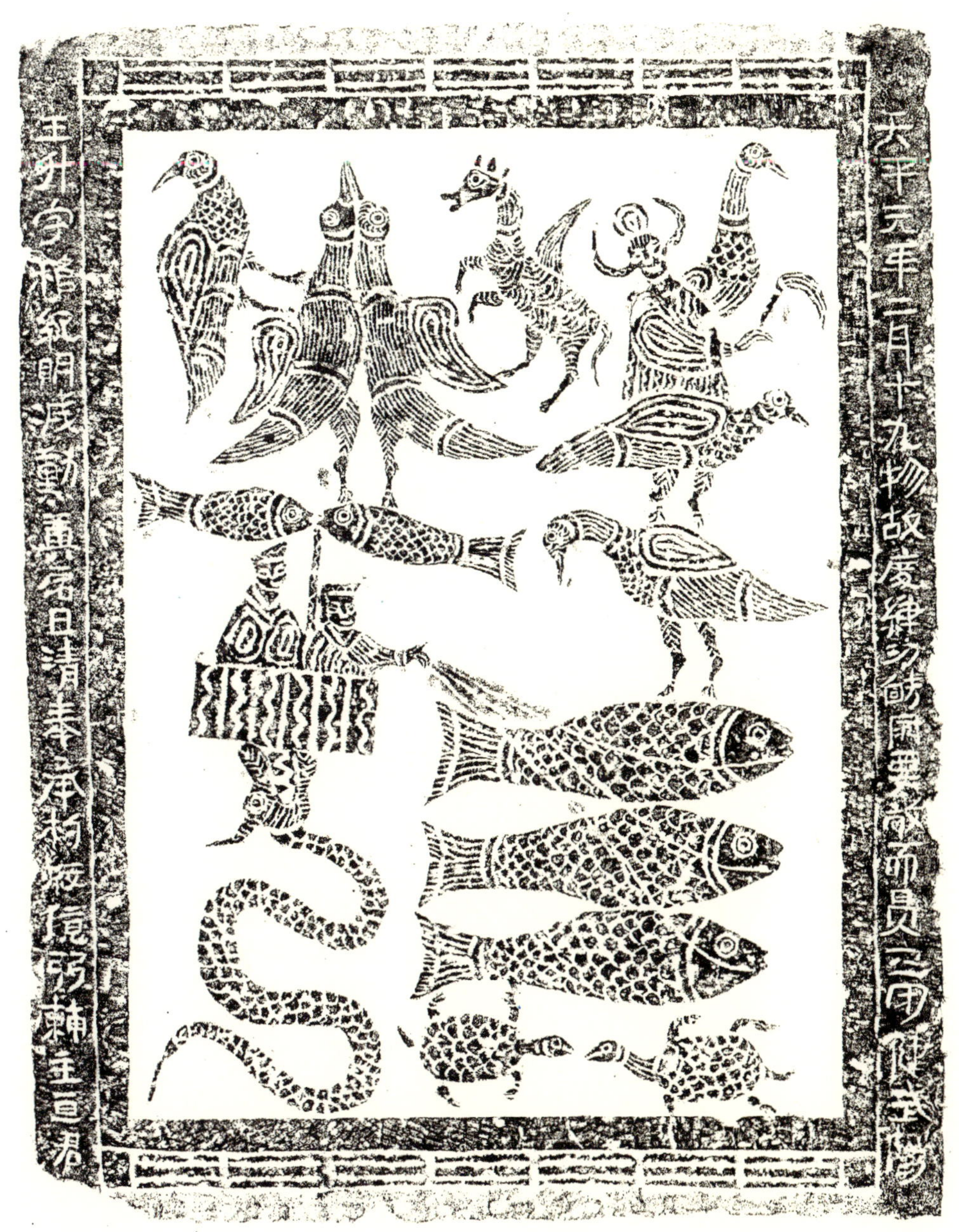

垂钓图

纵七九厘米·横七六厘米

◉东汉，萧县散存，减地浅浮雕，边饰斜线纹。图中一四阿顶水榭内一翁执竿垂钓，钓出鱼、龟数条。一挑拱内伏一猴，拱下有一支柱。木栏斜梯处三女子凭栏观钓。榭上有三猴登临。◉《书·泰誓上》：「惟宫室台榭。」孔传：「土高曰台，有木曰榭。」图中水榭四面敞露，弧形挑拱延伸入水面，便于观景垂钓等活动。拱下支柱起到了承重与平衡的作用，斜梯起到了台级和加固的作用。整个建筑精巧玲珑，为后世园林建筑之楷模。女子的站立增加了观钓的宁静气氛；跃动顽皮的猴子活跃了画面；极度夸张的垂钓，在矛盾与冲突中，使人感到妙趣横生。此图反映出汉代园林建筑已具相当高的水平。■

垂釣圖

圖中水榭內一人於竿垂釣水中龜魚皆上鉤左三女子在欄杆內圍觀屋頂上兩猴橋拱內一猴亦在觀釣此亦漁樂圖也

汀芙齋讀

飞骑逐猎图

纵五〇厘米·横一一四厘米

◉东汉，萧县虎山散存，减地浅浮雕，边饰水波纹，图分二格。上格，三条瑞兽姿态各异，扭动躯体，似乎它们不愿受边框的压抑而欲挣脱之感。下格，一导骑手执一旌；旌是古代旗的一种，用于指挥或开道。后有一马拉轺车，上乘去狩猎的官员，马下有一被奔马撞死之鸟。飞奔的马腿几乎与马腹成一线，夸张地表现出马的疾速行进。前方山边，一野兔扭头看到眼前的情景，吓得仓皇出逃。人喊马嘶，声势夺人，表现了雕刻者的高超技艺和对生活的深谙。其中，多处弧线的运用，不但刻画了马身肌肉的丰满和富有弹性，也表现了一种动感和弹力。而左下的山石，既表明了此次狩猎的地点环境，同时，也捕捉住野兔躲藏在乱石之间的生动细节，反映狩猎的惊险和紧张，把狩猎的气氛推向高潮。■

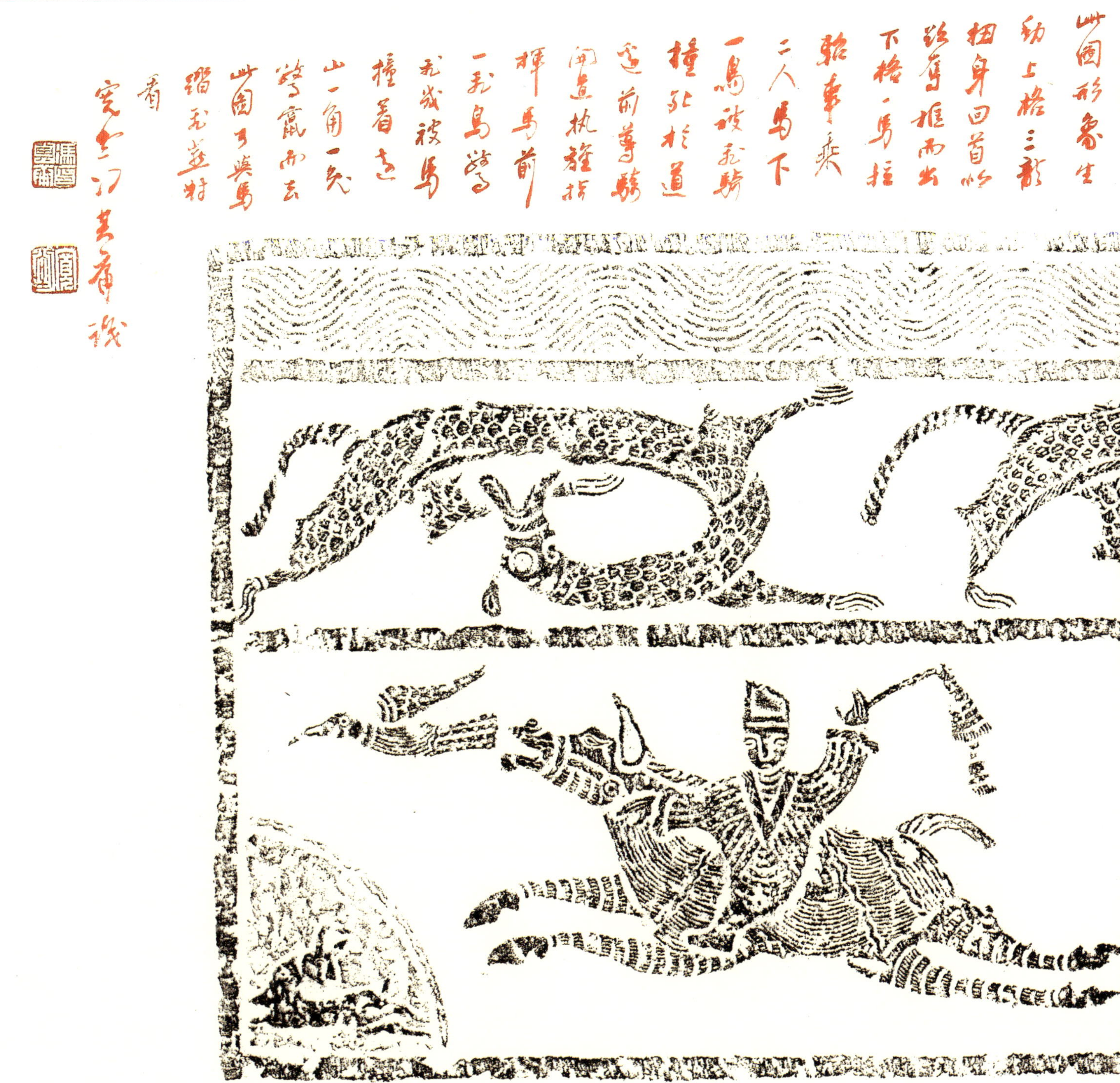
此圖形象生
動上格三龍
扭身回首似
欲奪框而出
下格一馬拉
輅車乘
二人馬下
一鳥被飛騎
撞死於道
遥前導騎
開道執旌指
揮馬前
一飛鳥驚
飛燕被馬
撞着遠
山一角一兔
驚竄而去
此圖可與馬
蹈飛燕對
看
寬堂馮其庸識

升仙图

纵九六厘米・横六六厘米

◉ 东汉，萧县民间藏，减地浅浮雕。图上、下边饰水波纹，图下方一大鲵上乘二男二女飞升，其中上方头戴冠为二男子，下方头戴巾帼的为二女子，朱雀在上引导。《楚辞・惜誓》：「飞朱鸟使先驱兮。」王逸注：「朱雀神鸟，为我先导。」因此，朱雀有导引灵魂升天之意。左旁有五个环，环内分别有鱼、飞鸟、奔兔、野雉和铺首，并有一人拉弓向环射箭。上方有一树斜出。题记为：「廷（延）熹五年六月二十三日枳题终洽此迫于父母安子豪瓦石」。◉ 题记中「廷」字，系为「延」字之误。延熹，为汉桓帝年号；延熹五年，为公元一六二年。鲵是两栖动物。《本草纲木・鳞部四》引陈藏器说：「鲵生山溪中，似鲇有四足，长尾，能上树……声如小儿啼。」崔豹《古今注》：「鲸鱼者……其雌曰鲵，大者亦长千里，眼为明月珠。」上述与图中鲵形貌一致，也当为升仙之物。五环或称五容器内有鱼、兔等当为墓主升仙随身带走之物。射箭者当为护卫，以防恶鬼侵害。《海内经》说：「……有木，青叶紫茎，玄华黄实，名曰建木，百仞无枝。」斜出之树枝叶繁茂，并从半空伸出，直冲云霄，当为天梯建木助众人升天。■

昇仙圖

楚辭·惜誓：飛朱雀鳥使先驅兮。王逸注：朱雀神鳥，為我先導。朱雀有導引靈魂昇天之意。此圖最下為一鯢，乘四人昇天，朱雀在上作引導，正惜誓之意。

寬堂馮其庸讀，八十又三

此石題延熹五年，延熹為桓帝年號，已入桓靈之世，天下多故，此類昇仙故事又別有意義。寬堂存記

延熹五年六月廿三日相思終洽此迎松父母孝子豪石

拜師圖

此圖描繪漢人從師學習之生活場景，爲漢畫中少見之題材。上格爲瑞獸，中格爲送子入學。右四人爲童生之家人，爲送子拜師也，中爲一未冠之童跪拜於師前，左方几爲書師，一手持簡，另手持筆，寫字教書也。下格爲庖廚，爲童生入學宴慶也。此圖可見漢人重學之風，至可寶也。

[illegible]生門[illegible]八十又三歲

拜师图

纵九一厘米·横六五厘米

◉东汉，萧县民间藏，减地浅浮雕，图分三格。上格为瑞兽相戏。中格右方，四人执笏跪地，中间书师门首跪一入学儿童，左方榻上坐三人，后者为书僮，前为书师一手持简，另手执笔写字，下方有一几，为儿童用。在汉代，私学盛行，儿童已入学接受教育。下格右起，一女子井边汲水，一人和面，一人切肉，最后一青年女子伸手接灶前烧火妇人怀抱之婴儿。厨上悬挂猪腿、鱼、鸡，并有一猴伺机偷一猪腿，整个画面充盈着生活的气息和情趣。◉此图中格左侧，居前手执毛笔者是书师正在行教，师门下跪者为未加冠的拜师习字的幼童（汉代男子二十岁加冠，以示成年）。门外跪地四人当是学生。此学应为私学。春秋时，私学已勃然兴起，孔子就是开办私学的始祖。《论语·卫灵公》载：「子曰：『有教无类。』」意思是人们不分贵贱贤愚，也不分地区种类，都可作为教育对象；教育内容为礼、乐、射、御、书、数，全称「六艺」。在相当长一段时间内，孔子的家乡鲁国，为儒学的中心；而汉代的沛郡（国），东北与鲁国山水相连，此石的发现，表明沛国的丰、沛、萧、相（沛国都城，今安徽省淮北市）一带已经有了「有教无类」的私学。孔子的弟子颛孙子章「过萧，爱其风土，遂家焉」；死后，葬于县城南掘坊村，其子申祥后也葬此。孔子的另一个弟子闵子骞，今宿州市埇桥区人。无疑，他们都在某种程度上推动了该地区儒学教育的发展。另外，古代学生与书师初见面时，必先奉赠礼物表示敬意，名曰「束修」，此礼早在孔子的时候已经实行。此图下格的庖厨，大约是宴请书师，以示敬意和感谢。此图反映了墓主人祈望子孙能够学而有成。从图中也可看出汉人尊师重教，也是研究汉代儒教的资料。▣

拜師圖

此圖描繪漢人從師學習之生活場景，為漢畫中少見之題材。上格為瑞獸，中格為送子入學。右四人為童生之家人，為送子拜師也。中為一束冠之童跪於師前，左方几前為書師，一手持簡，另手持筆，寫字教書也。下格為庖廚，為童生入學家宴也。此圖可見漢人重學之風，至可寶也。

寅生門县齋八十又三識

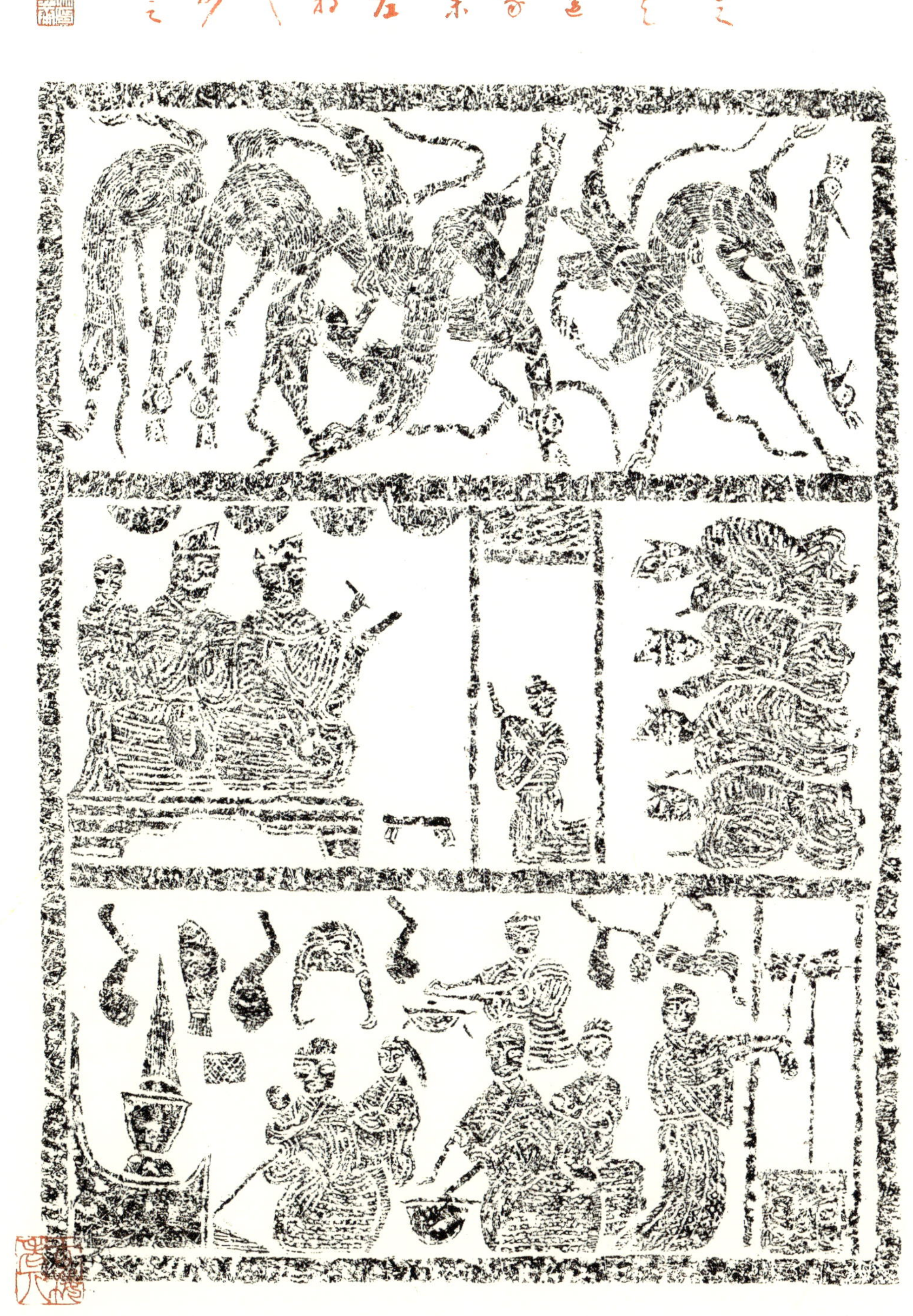

谒见娱宾图

纵五三厘米·横一〇一厘米

◉东汉，萧县民间藏，减地浅浮雕。平面阴线刻，边饰水波纹和棱形纹。图中部二条竖带上隐现笔画，应有题记二行，已漫漶。图分二幅，各三格。右图下格，中部门上有铺首衔环和羊，门两侧各立二侍者迎宾。中格六名持笏者进见。上格户外两侧各跽坐一侍者，屋内三名宾主交谈，屋上有二树木并各落一鸟，其中间及两侧有三只人头鸟身的千岁鸟、羽人和人头蛇躯仙人。左图下格，右边倒立之人口叼一物，中部二人击建鼓而舞，鼓下为一虎形插座，左一人跳九丸。中格七人进见主人。上格户外两侧各跽坐一侍者，屋内主人居几前，两侧二人拜谒。屋上凤凰、飞鸟云集。◉此两幅画像分格把迎宾、登楼、谒见和百戏娱宾的整个过程以连环画的形式表现出来。右图下格门上刻有羊，象征迎宾的吉祥；左边下格百戏，渲染了欢快气氛；墓主人分别居于两方画像上格屋内中部，强调了其身份、地位。两方画像构图基本相似，绘刻古朴中见精巧；右边一方线条较左边工整精细，使物象有变化而不致呆板。此类画像可视为我国连环画的源头。■

謁見娛賓圖

此圖分左右兩檔右圖三格下格雙門各刻一羊示吉祥也另刻鋪首銜環除實用外亦寓辟邪之意門兩側各立兩人躬身伺候接見中格六人持笏進見上格戶外二侍者跪坐室內賓主交談屋上兩側有羽人、人頭鳥身之千歲鳥、松樹、人首蛇身之仙人。晉葛洪抱朴子對俗篇引漢玉策記、昌宇經云千歲之鳥萬歲之禽皆人面而鳥身壽如其名 左檔下格中兩人作建鼓舞右側立之人口叨一物左一人跳丸中格七人進謁上格戶外兩側各跽坐一人屋內二客拜見几邊主人屋上鳳鳥雲亦示祥瑞之意漢世重禮故漢畫中多謁見宴賓之事可與史書對看

乙酉春暮 寬堂馮其庸讀時年八十又三

蹶张百戏图

纵九六厘米・横六六厘米

◉ 东汉，萧县散存，减地浅浮雕，图分三格。下格有跳丸、倒立、吹笛三人作表演。中格右方三人面左跪，旁有一人抱琴，最后一兽头人身异物。上格一人蹶张（以手拉强弩为「擘张」，以足踏张弩为「蹶张」）。四角有鸟头伸出。右题：「煮（熹）平元年十二（月）四日物（故）□父子石米。」 ◉ 蹶张是古代练力的项目。蹶张就是张弩。弩，即弩弓，是射程较远的强弓，战国时期已普遍在战争中使用。《汉书・刑法志》中说：魏国选拔武卒，要负「十二石之弩」，因为「挽蹶弓弩，古人以钩石率之」（沈括《梦溪笔谈》），十二石之弩就是三百六十斤，不以全力脚踏张弓，这种弩是难以拉开的。蹶张是训练士卒杀战技能的一种重要活动。此时是镇墓驱邪之意。熹平，为汉灵帝年号；熹平元年，为公元一七二年。■

此印側款古人以為吉羊

漢張百戲圖

款題熹平元年漢靈帝時物

寓豐門其盾題八十又三

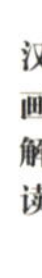

盗尽安居图

纵七二厘米·横七八厘米

◉ 东汉末至三国，萧县民间藏，减地浅浮雕，图分二格。上格，上方大雁左飞，下方右起，一扛戟狱卒舞鞭打一年迈倒地、足带桎梏的犯人，前面有五名手带桎梏的犯人，六人被一条绳连在一起。前面一狱卒扛戟行走。下格，屋左一小儿准备进屋，屋檐两侧有兽攀缘，屋右树下，一犬蹲望，旁有一农夫挥鞭驱赶二只花猪配种。上方，一盘中有粟，四周五只公鸡、母鸡扑食。◉ 东汉末至三国社会动荡，群雄争斗，盗贼蜂起，人无宁日。此图意为盗贼捕尽而引至下格农夫无忧而居，是人们祈求安定生活的心理。同时也是一幅妙趣横生的农村风俗画。上格中大雁振翅，各具姿态，轻盈优美。在表现人物精神上，匠师则以变换口形而作描述，如囚犯口形向下弯，以示畏惧；吏之口形往上翘，以示耀武扬威。上面鸟之自由飞翔与犯人身遭禁锢，形成鲜明对比。在描绘鸡之食上，反映出鸡或近者啄，远者扑，长者（即体大之公鸡）之慢条斯理。从性别分，则有长冠者为雄，无冠者为雌。猪身上刻圆圈表示是花猪，母猪股部用弓形线和斜线，形成的半个月亮状二猪交汇部位，即为公猪之腹，又为母猪之股。在视觉上造成即矛盾又和谐的透视效果。从猪之交配上，也让人明白看出，汉代已摆脱了对山野狩猎取得肉食的依赖，人工饲养的形成，为餐桌提供了充足的肉食保障。此图为研究汉代刑罚和风俗民情提供了新的资料。■

盗畫安居圖

此圖乃從漢代金石圖譜圖上移爲被補校押解之盜賊，下格爲一民戶，屋側有人在屋頂以刷回掃，右邊有兩猪正在覓配，旁一人持鞭似爲配種者，其上爲群鷄聚食，鳥雀旁側。此圖亦爲漢畫中之稀見者，其意謂盜賊既盡，人民安居，鷄犬皆寧也。　屋右有一犬端坐

乙酉元宵之夜，爆竹聲中，古梅老人識其篇題，時年八十又三

亭榭·泗水捞鼎

◉东汉，萧县民间藏，减地浅浮雕，图分二格。上格，水榭内坐一人，一吏拾级而上，去告知捞鼎情况；榭下河面有二只戴冠的人首鱼，应为河伯和水神。河伯，亦称「冰夷」「冯夷」「无夷」。《海内北经》述其为「人面」。晋张华《博物志·异闻》：「昔夏禹观河，见长人鱼身出，曰：『吾河精。』盖河伯也。」下格，一拱桥两边分别有四人拉系于二立柱上的两条绳，其中右四人戴冠为男子；左四人戴巾帼（后世的巾帼即为女子的代称）为女子。绳的另一端系于桥下一鼎上，鼎内一龙头伸出；二立柱间，一官员指挥众人起鼎，天空二鸟飞翔。此图为秦始皇泗水捞鼎的故事。《史记·秦始皇本纪》：「始皇还，过彭城，斋戒祷祠，欲出周鼎泗水，使千人没水求之，弗得。」北魏郦道元《水经注·泗水》：「周显王二十四年，九鼎沦没泗渊。秦始皇时，而鼎见于斯水。始皇自以德合三代，大喜，使数千人没水求之，弗得，所谓『鼎伏』也。亦云系而行之，未出，龙齿啮断其系。」其所述正如石刻画面。河伯为水中之神。上格二神相对私语，似不想让秦始皇捞鼎，而令龙啮断其系。◉传说大禹时收九州之铜铸造九鼎，以象征九州。它是国家的重器和王权象征，王都所在，即所称定鼎。如果有人问鼎的大小、轻重，就被视为有夺政权的意图。其重要性当然对秦始皇来说是梦寐以求之事。秦统一中国后，只得周之八鼎。在他东巡祭名山路过彭城（今徐州市）的泗水时，发现了失落其中的一鼎，求之不得。喻示秦暴政而国运短暂，是有相联系的必然结果，也是汉代「天人感应」论的具体表现。◉泗水为古河道，发源于山东泗水县，四源并发，故名。流经济宁、沛县东，至徐州市北郊入故黄河，由淮阴汇入淮河。笔者专程去秦始皇捞鼎处（即徐州东北秦梁洪）访古，得知其已与大运河融为一体，河上有一座桥——秦洪桥。现今的秦洪桥，也许为传说中秦始皇捞鼎之桥原址上所建吧？放眼望去，河面百米左右，河水荡漾，往者已矣，惟过往船只穿梭其中，给人留下无限遐想。■

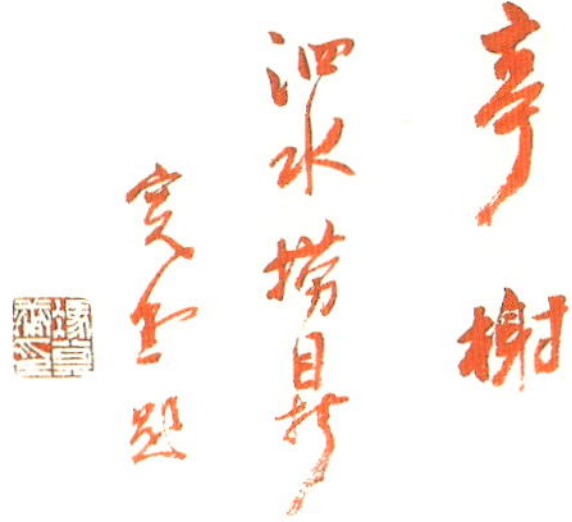
亭榭
泗水撈鼎

解囚图

纵四四厘米・横一三〇厘米

◉东汉，萧县民间藏，发现于萧县奶奶庙村古庙台阶处。减地浅浮雕，边饰斜线纹。图右方一狱吏手持一杖押解前面一囚犯，犯人被马后一绳绑着拉走。中间一吏坐于榻上，手持一物，听左方一人禀告事情。最后有二十卒，其中一人持戟，另一人持幢站立。幢是旗的一种，《急就篇》颜师古注：「形如车盖者谓幢。」是象征身份的礼仪用具。图两侧题记为：「叔山郭弟伯参□行震如□共左尿　□营有息大藏造冢元嘉一年朔日葬」。◉从图中场景，可知墓主人生前为地方治安官吏。此图重现这位墓主人捕审盗贼，表明了他为官一任，造福一方的业绩。题记中元嘉，为汉桓帝年号；元嘉元年，为公元一五一年。■

[illegible]高君息夫人藏[illegible]元嘉[illegible]年[illegible]葬

楊明燕居圖

此圖今藏王楊明安居之樂下格為夫妻對會圖上格為出游圖款題建寧四年為靈帝年號下一年即熹平元年寶鑿刀其精

題 八十又三

杨明燕居图

纵九七厘米·横六〇厘米

◉东汉，宿县民间藏，减地浅浮雕，图分二格。下格，屋内夫妇对饮，中间置酒樽。屋外两边分别有一侍者和一树；屋上二鸟之间有太阳。上格，空中有小鸟飞翔，杨明乘车出游。题记为：「建宁四年六月十五日故杨明字文□建宁一年其之以博爱之以德义继世膺禄丰厚乃子安乐」。建宁四年，为公元一七一年。■

楊明燕居圖

此圖爲墓主楊明燕居之樂下格爲夫妻對坐圖上格爲出行圖款題建寧四年爲靈帝年號下一年即熹平元年

寬堂馮其庸題 八十又三

熹平四年画石

纵五二厘米・横九四厘米

◉ 东汉，萧县民间藏，减地浅浮雕。图上部饰棱形纹，两侧饰幔纹。图中右方一人迎接，中间一人立，有榜题字模糊不清。后一人送行，榜题：「武宜」。画像两侧为：「西（熹）平四年」题记，其他字多不清晰。■

熹平四年畫石

此石右題西平四年西為熹之借字在漢畫石中多見熹平為漢靈帝年號也是漢末矣

以昌甫題

出游图

纵五一厘米·横一一四厘米

◉东汉，此石发现于萧县三仙台村一座老桥上。减地浅浮雕，图上饰云纹。下格左方，一人躬迎来宾，一马拉轺车，上乘二人，前为驭者，后坐者为官员。后有一骑和二随从；二随从后生长尾，腿上粗下细，似为人扮鸡状去随主人作娱乐活动。▣

高絙图

此图取古杂技中之绳技下格二人击鼓奏乐上方二大绳悬挂四人缘绳倒立而下似绳技表演上格为凤鸟求爱图

汉君甫读

高絙图

纵八四厘米·横五七厘米

◉东汉，萧县散存，减地浅浮雕。图边饰幔纹，图分二格。下格，二人击建鼓奏乐，其上有两根大绳，并有四人缘绳倒立而下，二人双手执桴击鼓，姿态优美，充满着音律动感；絙，即是大绳索，是杂技表演时的道具。上部四男子在绳索上作姿势各异的倒立之状，动作矫健轻盈，意趣盎然。在这种绳技表演时，旁边常伴有舞蹈或弄丸等，是汉代百戏中一种较精彩的表演项目。人物上衣的宽袍大袖采用「U」形线，用来表现衣袖的褶皱和质感；线条劲挺流畅，重复而又富变化的线条，极富强烈的节奏感和生命力，使欣赏者从中获得愉悦，产生共鸣。上格一对凤鸟，右方是一只引颈昂首的雌鸟，二目平视，双翅合拢，一腿抬起并爪往下卷曲，另一腿直立支地，正悠闲地由右方缓步而来，显示出高傲、矜持的神态。左方为一头顶长着长羽的雄鸟，也双翅合拢，身向左头却向右不住地张望雌鸟；这一精致细节的巧妙设计，极为真实而深切地描绘了雄鸟对雌鸟的依恋不舍和欲要求爱却又左顾右盼、畏缩不前的瞬间状态。此格构图疏朗，鸟身用紧密平行的曲线，表现了羽毛的丰满；特别是汉代画家抓住雌鸟的昂首踱步和雄鸟的回首献媚，令身体稍高的雌鸟成为焦点，使画面形中有神，如诗如画，情趣洋溢，呼之欲出。至此，不禁使人想起《诗经》首篇《关雎》中的名句：「关关雎鸠，在河之洲，窈窕淑女，君子好逑。」这不正是对少男少女纯真恋情的写照吗？◉把上格雌雄凤鸟的相恋，与下格欢快精彩的百戏刻绘于一石，借此表现了对男女甜蜜美好爱情的赞颂。在汉代画像石中，也常常出现象征爱情的连理枝，这与比翼鸟一样，均是希图逝者「长相思，勿相忘」。◉汉代画家高超的技艺来源于长期细致地观察生活，捕捉生活中的细微动态，才能把所表现的物象刻画得淋漓尽致。汉代由早期的鸟兽相间，向单纯刻画花鸟过渡，是我国花鸟画的先声，对后世的花鸟画的创作起到了极大的影响。▣

高絙圖

此圖所寫古雜技中之繩技下段二人擊鼓奏樂上方二大繩懸掛四人緣繩倒立而下似繩技表演上格為雙鳥求凰圖

汈君甫讀

宴饮歌舞图

纵五〇厘米·横八〇厘米

◉ 东汉，萧县民间藏，平面阴线刻。图中楼下从右向左依次为：一男子踞坐；一人吹笛；一女子起舞，腰如束丝，汉代女子追求腰部纤细以为时尚；一人抚琴；一人伴唱和一男子叉肉上楼。楼上屋外两侧三仆人候传，屋内男主人居几后和妇人对饮、观听舞乐，中间置樽、耳环，旁有一侍女。屋上两侧各落一凤。雕刻古拙、传神，汉代人追求安逸享乐的心态，跃然于石上。舞与乐也是古代助教化的一重要手段，在喜、丧事，飨宾、交往等众多礼仪中，起着渲染气氛和有助于交流沟通的作用；同时，舞乐也表明墓主人的风雅和高贵。■

献食六博图

纵六二厘米 横九六厘米

◉东汉，萧县民间藏，减地浅浮雕。图中屋内，二人坐于榻上作六博之戏，中间置博局，案上放六箸（箸，为博戏时用具，「以竹为之，长六分。」《西京杂记》卷四）。曹植《仙人篇》有：「仙人览六箸，对博太山隅。」屋右立一侍者和一人捧几进屋；屋左一人捧樽，一人拥彗（彗即是扫帚，表示地面已打扫干净了，以迎接贵宾的到来，是汉代迎宾的礼仪用具）。屋上两侧各一仙人登临和凤鸟云集、大雁飞行。图上方众禽或飞行、或歇息，姿态富有变化，起到了补白、衬托和呼应的作用。房屋占画面的三分之二；主人明显比室外的仆人形象高大，都旨在突出中心，使主次分明。其中人面部均无雕刻，给人以遐思空间而增加了神秘感。对屋内宾主以平视的二维空间构图，博局及六箸则以鸟瞰式表现，使物象外形排除了客观制约，产生了更大的创作空间，是中国绘画独有的艺术特点。■

夫妻對飲圖

此石題漢安三年為順帝年號已及後漢晚期夫妻對飲亦民間日常生活情景故予以為漢畫石既是歷史之遺亦當時社會之寫照也

乙酉春日寬堂讀碑記

八十又三

夫妻对饮图

纵七五厘米·横五八厘米

◉ 东汉，萧县帽山村一老桥散存，此老桥重修时被发现，一朋友以石换石留下。减地浅浮雕。图中一斗二升的四阿顶屋内，夫妇二人对坐于榻上；二人中间置一酒樽，樽内放一勺。屋外两侧各立一仆人。屋上落有二凤鸟和二只猴。两旁题记为：「汉安三年一月九日病故精示安首□间阳莫车定命□行通惠后宁　鲁审此□不柱恒中治是□之人君乃□为创布临夫□石宫夷克作」。◉ 此图是汉代一般贵族家庭生活的写照，屋内妇人居右，以巾覆头，上身以网状雕刻，表示为有花纹的衣服。其夫头戴冠，上身雕刻成回形曲线来表示无修饰的衣服。榻，在《释名·释床帐》中说：「长狭而卑曰榻，言其榻然近地也。」榻是居家宴饮、待客之坐具。屋上二凤鸟展翅接喙，如夫妻相爱，身上雕刻有片状和长条形羽毛，细密而真实。图中物象对称，雕刻精美，体现出民间艺术的装饰美。▣

夫妻對飲圖

此石題漢安三年為順帝年號已及後漢晚期夫妻對飲亦民間日常生活情景故予以為漢畫石既是歷史之遺亦當時社會之寫照也

乙酉春日寬雲讀碑記

八十又三

居常生活图

纵六三厘米·横七一厘米

◉东汉，萧县民间藏，减地浅浮雕，图分二格。下格右方，一人背一袋，一仆人樽旁用勺舀酒，另一手端耳杯，上方有一双耳鼎；左方一主人持杯待饮，最后一人灶前烧火并手执便面扇火；上方有一鸡行走和一网，网内有鱼。上格右方，三人跪拜，左方一主人正坐观一女子起舞，旁有一龙。图中主人过着衣食无忧，仆从成群的生活，表现了建墓的后辈，为了体现孝道，使先人过着快乐的生活，刻此物象以告慰先人。◉此石构图条理清晰，安排有致。侍者做饭、斟酒，主人踞坐慢饮，一副悠闲安舒之态。光吃饱不行，还要精神上的充实，所以上格有众人请安，舞女舒长袖，扭动细腰，体态轻盈的起舞；旁边主人双目凝神观看，似乎身上还散发着酒气。物象线条细腻流畅，有着织物的柔软，羽毛的润滑。■

漢刑徒墓志查漢世無天年年號王莽代漢曰天鳳與此不合亦不知何以改謹下文

謹下文元牛或係元年之誤姑志此待考寔重叮其審讀碑記八十又三

汉刑徒墓志

纵九二厘米·横六八厘米

◉ 东汉，此石发现于萧县虎山碎石机旁。几将被粉碎为石末，共五石。减地浅浮雕。边饰幔纹，中间题记为：「天年元牛十二月十九日物故□宣晓老无任母南山来髡」（髡，是古代剃去头发的一种刑罚）。其后背刻有《燕饮聚谈图》画像。■

漢刑徒墓志　查漢世無天年年號，王莽代漢曰天鳳，與此不合，亦不知何以致誤。下文元年或係元年之誤。姑志此待考。寶重刀君席讀碑記　八十又三

天年元年十二月十
九日物故鏊宣曉老
無任母南山東長

烤肉·捞鼎

纵六九厘米·横六六厘米

◉ 东汉，淮北市民间藏，减地浅浮雕。图边饰幔纹，图分二格。下格，桥上中间一人指挥两侧二人用绳拉起系于绳另端的周鼎，鼎内有龙头伸出，桥下有人面鱼身的河伯、水兽和游鱼。此图为秦始皇泗水捞鼎的故事。上格屋内，左方一人在炉上烤一串肉，对坐之人举卮饮酒。厅堂上方垂有帷幔，屋外左边，一妇人怀抱一婴儿站立；屋右侧一侍者持笏站立。屋上方有二飞鸟。◉ 汉画中捞鼎场景，多为一边众男子另一边众女子向后拉绳。此图则是象征性的简略刻画，两边拉绳人都是戴冠男子并卧地下坠起鼎。上格物象占的空间较大，使构图有轻重之分。屋内人喝酒吃肉，屋外携儿之妇饥肠辘辘，翘首以待，反映出了汉代的尊卑观念。■

烤肉·撈魚

观舞图

纵七六厘米·横七四厘米

◉东汉，萧县散存，减地浅浮雕。边饰二栏边框，图分二格。上格，三名妇人静坐观看。下格，一人抚琴，一女子折腰起舞。观者如痴，舞者如醉，生动传神。图中起舞女子长袖细腰，仪态娇美，飞动摇曳，婀娜多姿，是典型的楚舞。善歌唱的称为倡，善舞弄的称为伎。有回鸾、七盘、翘袖、折腰、公莫诸多舞蹈名。其舞女都着长裙、宽袖细腰。《西京杂记》载：「戚夫人善为翘袖折腰之舞。」翘袖折腰，是指舞时的姿态，多一人起舞。通过此类画像，可让后人一领古人迷人的舞姿。汉傅毅《舞赋》：「体如游龙，袖如素晲。」即是此类舞蹈的写照。▣

觀舞圖

圖中翹袖折腰即楚舞也舞者皆長袖故又有長袖善舞之語

汀生甫

燕饮聚谈图

纵五九厘米·横五七厘米

◉ 东汉，此石发现于萧县虎山碎石机旁。减地浅浮雕，边饰幔纹、齿纹。图中一房屋内宾主对饮、交谈，屋外两侧各立一侍者，屋上落二鸟。此石为《汉刑徒墓志》的背后刻石。▣

燕饮聚谈图

骑射图

纵六九厘米·横六七厘米

◉东汉，萧县民间藏，减地浅浮雕，图分二格。上格，左一骑士回身射二箭，其中一箭，射入向右逃走之人的背部。上方有一兽头伸出，下方有二游鱼。下格，右边亭内下方有一亭长持戈立，上方有二人头露出，是亭长下属吏或旅客；左边载戈与矛之车上，吊一草筐，马在食草料，车上落一鸟及一鸟远飞。鱼为水中之物，迷信说人死后即入黄泉。如《左传》中载，郑庄公曾发誓不到黄泉，不和母亲相见。后掘地洞见水，在地道中与母亲相见。实现了黄泉相见之诺。此图或即意为人归黄泉下，还要在阴间为保卫家园不受侵犯而与恶鬼作战。汉承秦制，亭有都亭，是侯国、郡和县城内或城厢之亭；城门之亭，称「门亭」；乡间之亭三类。共同职能都是提供往来官员食宿，备有马匹、车辆供来往人员使用及捕盗、治安。下格图像基本与文献记载相吻合。■

騎射圖

此石寫戰爭之一角上圖一人回身返射一人中箭下格為一滿載戰爭之車車正停車喂馬

寶金讀

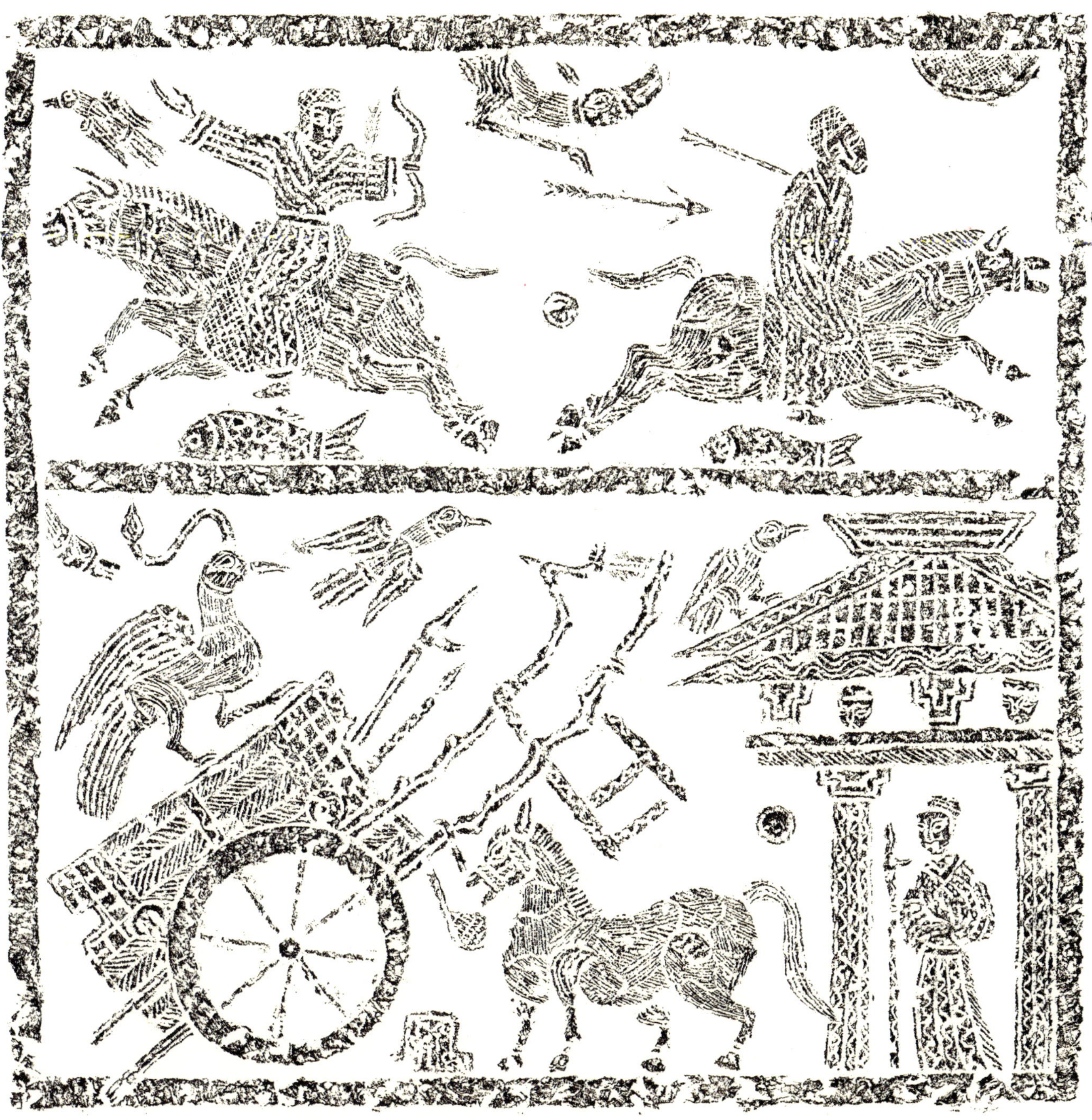

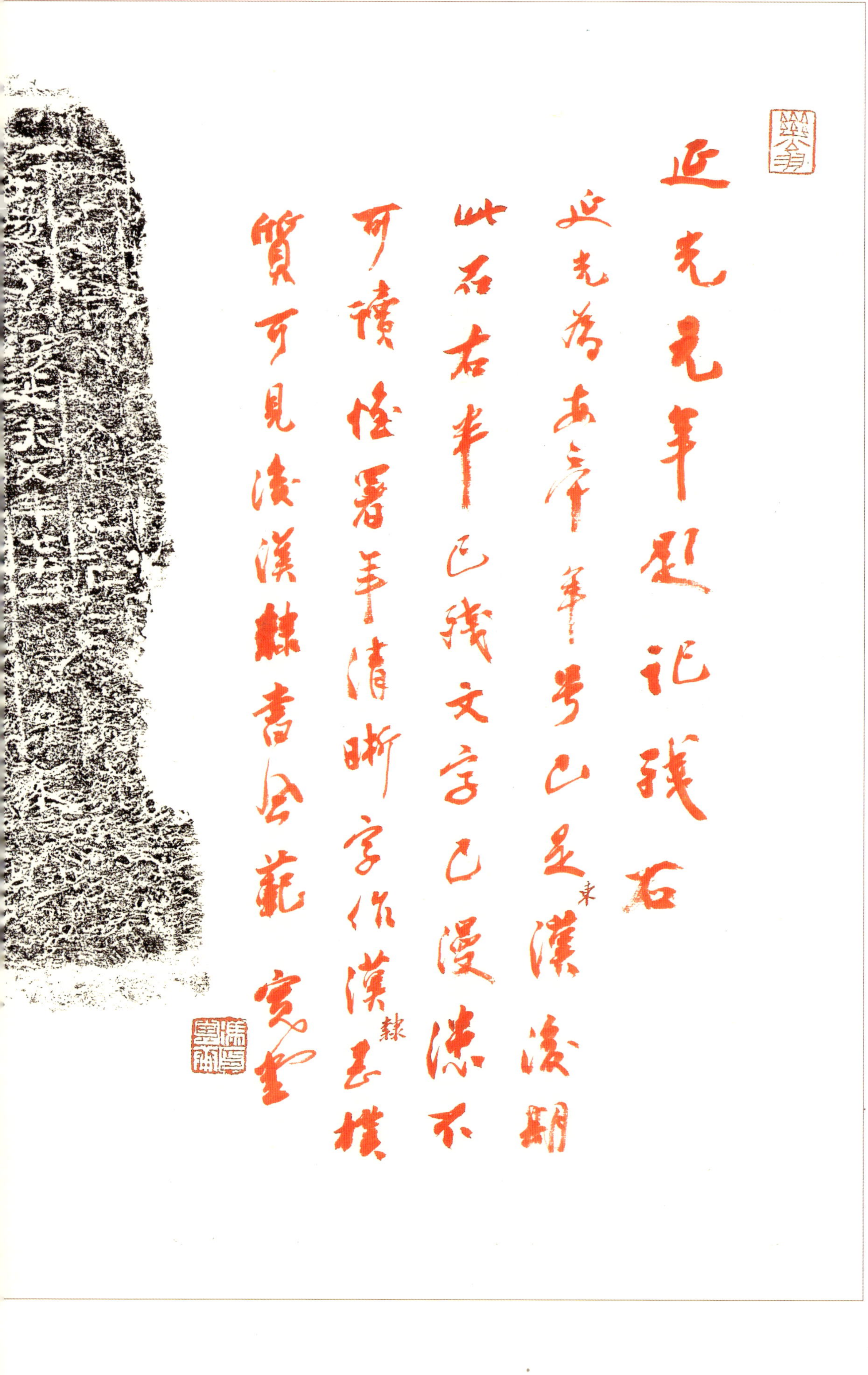

延光元年题记残石

延光为安帝年号，此是东汉后期，此石右半已残，文字已漫漶不可读，惟署年清晰，字作汉隶，书横质，可见后汉隶书气韵。

延光元年题记残石

纵一〇〇厘米·横一二〇厘米

◉东汉，萧县散存，发现于萧县老宅子村一桥上。石右部残缺，题记十行。「延光元年」等字尚可识别，延光，为汉安帝年号；延光元年，为公元一二二年。其他文字多难识别。从石体看似为墓中石梁的左部分，右边缺失的应有画像。■

百家争鸣图

纵五二厘米·横一四八厘米

◉ 东汉，淮北市民间藏，减地浅浮雕。图上方饰斜线纹、幔纹。图右起，二人头戴进贤冠，相对争论问题，神态稳重，表现出儒家的儒雅；第三人站立，神情平静；其左一人张口面左作插言状；旁立一面色温和之人，似在静听讨论；最后二人挽袖赤膊相对，一人怒发冲冠，瞪目张口，性格刚烈，另一人斜眼咧嘴，作讽笑状。七人神态各异，宛若生人。人物形象高大突出，衣袍没有修饰，而只着意对人物面貌神态的刻画，起到以形写神的效果，给人以耳目一新的感觉。刘邦称帝后，承秦制，废除秦之暴政，文化上也改变了法家学说占统治地位的局面，实行较为开明宽松的文化政策，又一次出现了百家争鸣的新气象；但已不是战国时期百家争鸣的重复。战国时各家相互批判、排斥，而汉初却是相互渗透、融合，把儒家学说作为了统治思想。汉代是政治、经济、文化等方面都高度发达的时期，因而就存在各种思想分歧，如复古与创新，古文经学与今文经学的斗争，最有影响的是武帝时的一次官吏与贤良的讨论而成书的《盐铁论》，反映出汉代知无不言，言无不尽的社会风尚。▣

後兩人挽袖赤膊一人怒髮沖起一人作識笑狀闊中大人神態各異宛然如生

乙酉仲春

江吉甫讀

鸣凤六博图

此图上端为一鸣凤中部为宾主对饮六博下端左边为一大树树下有一人玩球右边为两羽人角斗姿态生动可见其动势

汀亭甫题 八十又三

鸣凤六博图

纵九七厘米・横四七厘米

◉ 东汉，萧县散存，减地浅浮雕，图分三格。下格，树下一人跽坐，二羽人持械搏斗。中格，屋内二人坐于榻上六博，中间置博局、酒樽；屋外右边一龙攀缘。上格，松树旁有朱雀（即凤凰）引颈长鸣，意为导引墓主灵魂升天。《说文解字》四云：「凤，神鸟也，……见则天下安宁。」因此，凤鸟也有护佑主人平安之意。凤目微闭，美丽的长翎上翘稍展，安静、祥和的气氛流露出来，强化了阴间的美好与欢乐。▣

鳴鳳六博圖
此圖上端為一鳴鳳中部為賓主對飲六博下端右邊為一大樹樹下有一人玩球右邊為兩力人角鬥姿態生動可見其動勢
汀其甫題 八十又三

搏猎图

纵八一厘米·横九六厘米

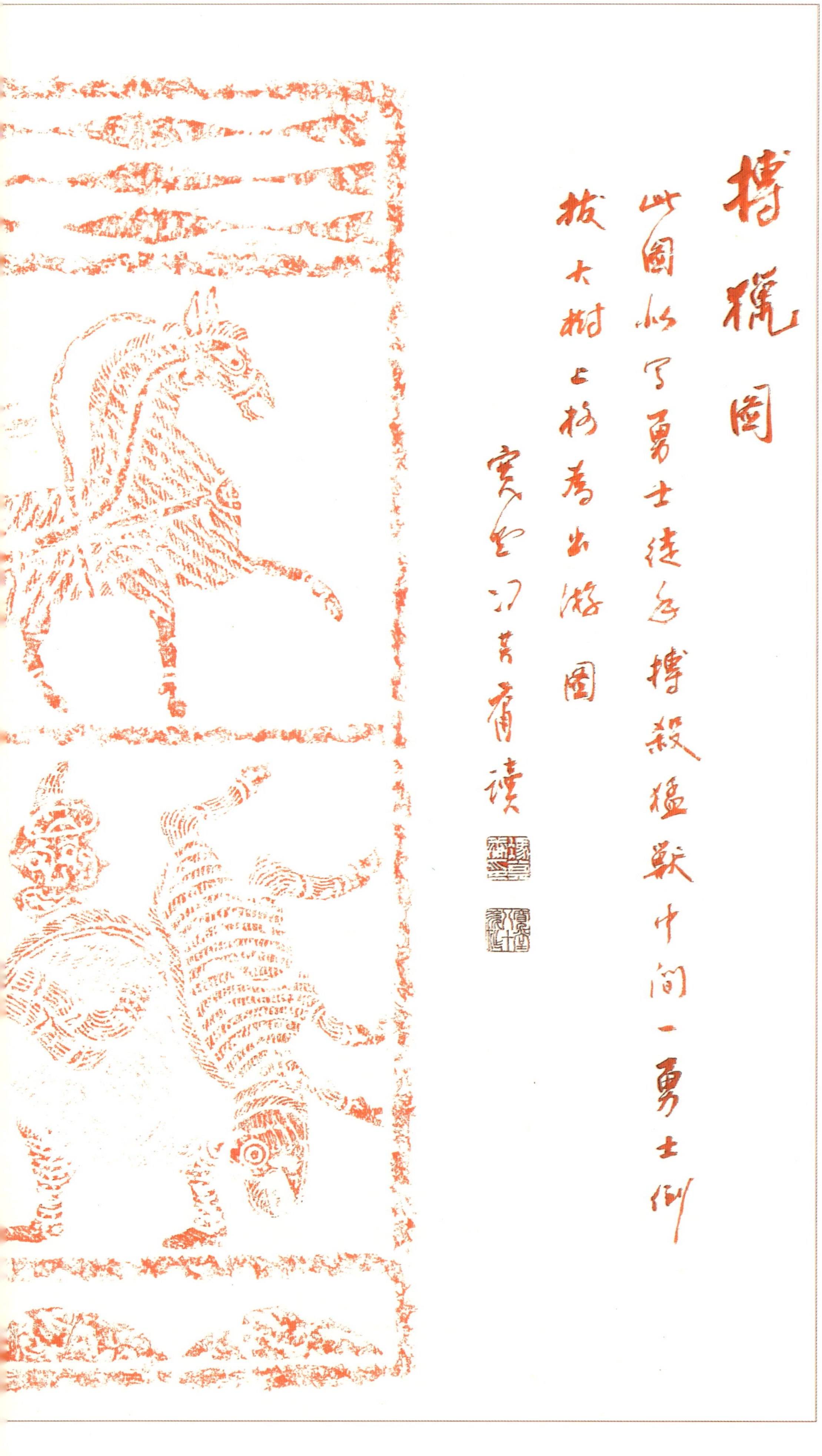

搏獵圖

此圖以寫勇士徒手搏殺猛獸中間一勇士倒拔大樹上格為出游圖

◉东汉，淮北市民间藏，减地浅浮雕。图上部饰棱形纹，下饰幔纹，图分二格。上格，左方一辎车旁，二女子头戴巾帼坐榻上休息，旁一官员乘轺车出游。下格右起，一猎人抓兽尾背于身上，一人伸出臂奋力拔起一树，左边一人骑兽身上并用匕首刺其颈部，旁一人挥棒击兽头。猎人雄壮、威猛，造型准确生动，线条灵动，大汉雄风，可见一斑。◉此图下格与徐州市汉画馆《力士图》的构图大同小异，只是右边少了头顶釜、怀抱动物和双手抱壶的三人，其他人物的相貌、形态及其线条都基本相似；也与山东嘉祥武梁祠后石室第三石第四层的画面（比如牛、猛虎、拔树等，见朱锡禄著《武氏祠汉画像石》）也较为相同，不同的是人物更多些，石刻是平面雕与浅浮雕之分。因沛国、彭城国和嘉祥县所在的山阳郡，山水相连，习俗、文化相近，画师和工匠也常有流动，所以一幅画稿多用或一稿小改多用，也屡见不鲜。表明了虽然雕刻技法不同，一些画像稿却不受地域限制。▣

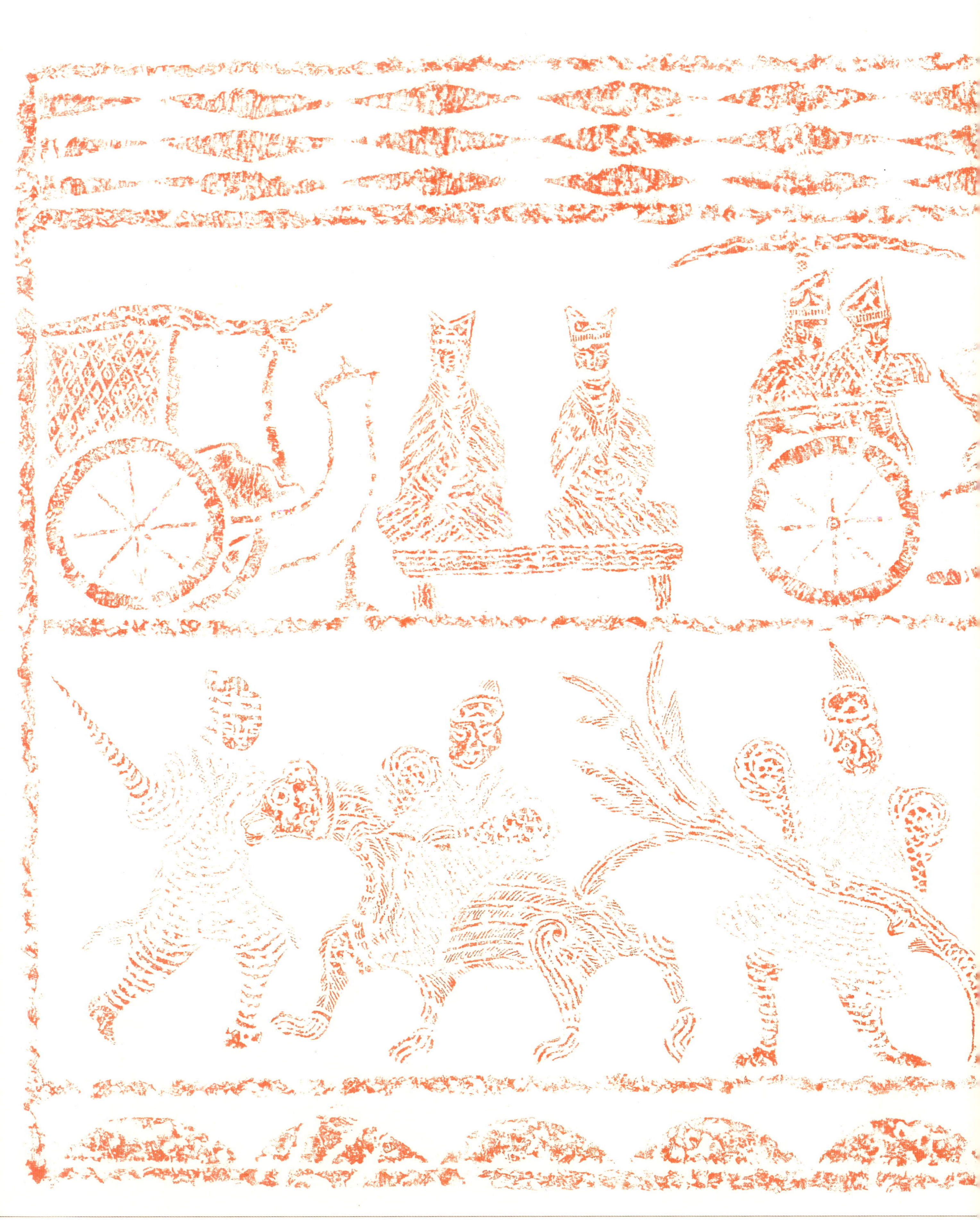

樂舞圖

石刻上部已殘缺右下殘存食大倉三字圖中一人撫琴一人起舞左邊有一馬圖中房屋亦已殘

寬堂馮其庸題

乐舞图

纵一〇〇厘米·横一二〇厘米

◉ 东汉，萧县散存，减地浅浮雕。此石得于萧县老宅子村村民家中，上部残缺，破坏较严重。图边饰幔纹。图中左有一马在户外；右有一头饰双髻的女子起舞及一人抚琴。旁残存「食大仓」三字。▣

樂舞圖
石刻上部已殘缺右
下殘存食大倉三字
圖中一人撫琴一人
起舞左邊有一馬
圖中房屋亦已殘
寬堂馮其庸題

迎宾六博图

纵九九厘米・横七七厘米

◉东汉，萧县民间藏，减地浅浮雕。图边饰幔纹，棱形纹，图分二格。上格，主人居后站立，三子在前招手跪迎一客人。下格屋内，宾主对坐凝神对博，举手呼喊，气氛热烈。三子旁边坐观。屋外两侧各立一侍者，屋上落三只飞鸟。◉此图大部分画面刻绘宾主对博以及主人之子观看并学习棋艺，因此，主题显得十分突出。对博时，主人为一步妙棋高兴得举手欢呼；这一细节的运用，使观看此图者如睹博局，如闻其声，增强了画像的真实感。■

迎賓六博圖

李太守宴宾图

纵八四厘米・横七三厘米

◉东汉，淮北市散存，减地浅浮雕，图分三格。下格右起，小树前一人拎鹅访友，一幼儿紧随其后。《仪礼・士相见礼》：「士相见之礼：挚，冬用雉。」及「下大夫相见以雁」。在汉代不同身份的人相见，所拿的「挚」即礼物也不同。士是指古代最低级贵族；下大夫也是指大夫。上文是说士在初次见面冬天用雉，雉指野鸡，取其不为食所诱、威所慑服，宁死不被畜养，象征守节、死义的品格。大夫初见面用雁即鹅（王引之《经义述闻》）。也有说雁指大雁，是取其飞成行，止成列，象征大夫奉职四方并能自律和事君。二出阙右方有一人持械立；阙左有一人出迎。为了区别等级，汉阙分三种：一般官员用一对单阙；诸侯，二千石以上用二出阙；皇帝用一对三出阙。中部饰棱形纹。上格，户外两侧各一侍者捧食送来。左边之人正拾级而上。屋内宾主对坐，相互招手，中间案上摆放杯盘，热气升腾。图左题：「永寿元年已未六月十五日汉武都太守李君讳□龠」。◉此图画极具人情味，阙即指主人之家门，门外植有树木，故友喜笑颜开，携儿前来，一人出迎。上格，从冠的形状可看出来宾居左，右为主人。汉代左为尊，左为宾位。永寿元年，为东汉桓帝（刘志）一五五年。武都是东汉武都郡（今甘肃陇南市附近），说明此故太守在武都郡做过太守，汉有死后把其尸骨运回故乡安葬之俗，所以在淮北汉画像中出现此人。▣

李太守宴賓圖

邀宾观异兽

纵六六厘米・横一〇六厘米

◉东汉，淮北市民间藏，减地浅浮雕。边饰水波纹、幔纹，图分二格。下格右起，一小儿站在异兽身上弄一球，左边栏杆外，一男子用长杆吊一袋，似为异兽喂食物。一人捧盾迎接一双臂挥动、大步走来的观兽之人，后一女子作袖舞。上格左起：一人捧盾迎一持棒之人，中间一人持手戟而舞，一人吹奏，一人抚琴。◉此图描绘了喂养猛兽奇虫，邀约宾朋前来观看的故事。《后汉书・梁统列传》中载梁统之玄孙冀：「广开园囿」及「奇禽驯兽，飞走其间」。贵族以此为时尚而向别人夸耀。《盐铁论・卷六》中载：「古者不以人力伺于禽兽，不夺民财以养狗……今猛兽奇虫不可以耕耘，而令当耕耘者养食之。百姓或短褐不完，而犬马衣文绣，黎民或糠糟不接，而禽兽食粱肉。」该文以犀利的语言，批判和鞭挞了贵族奢华享受的畸形社会现实。此图是对当时社会现状的反映。■

捕犯决狱图

此图，主名陈阳，生前当主刑事，此图写其捕犯审讯，极为生动，此石署年汉安，亦已入后汉，汉末期书法作汉隶，亦可观

宽堂冯其庸八十又三

捕犯决狱图

纵九六厘米·横七九厘米

◉东汉，萧县民间藏，发现于萧县奶奶庙村的古庙台阶处。减地浅浮雕，边饰幔纹，图分二格。下格，左一人执刀押解囚徒，陈阳骑马上，用绳系着囚徒手指拉走。上格，屋外各立一持戟之吏；屋内，陈阳坐高台上，正审讯犯人，犯人扑地，后一狱吏挥杖施刑。两边题记：「汉安三年六月十五日故尉曹史陈阳字文强其先之以博爱　陈之以德义汉安一年继世尉曹史乃子安乐」。◉幔纹，也称幔纹帐，是因汉代建筑堂前开敞，而在楹柱之后的横楣上挂帷幔御寒和装饰（见孙机《汉代物质文化资料图说》）。图下格陈阳头戴山形冠，骑在有鞍的高头大马上，嘴角上翘，喜气洋洋，完全沉浸在抓住犯人的快乐中，去冠而披发的犯人嘴角下斜，一脸惊恐，虽已知错后悔晚矣，捆绑其手指上的绳交织、飘荡，表现出绳的柔软与被拉的弹性。上格官署内，陈阳挺胸高坐，一脸威严之相，犯人呈斜倒式，脸呈惶恐之状并面朝狱卒，似在祈求轻打，狱卒挥杖施刑，面露讥笑头向旁转。此图在构图上如连环画，不仅对墓主生前活动作了描摹，也是墓主以此为荣的自画像。■

胡汉战争图

胡人入侵

纵八六厘米·横一一八厘米

◉东汉，萧县散存，为汉祠堂山墙构件，减地浅浮雕，边饰绳纹。图下部，两辆二马拉轩车，前一导骑开道；中部二排鼻大头戴尖帽的七名胡骑拉弓疾射；上部三骑挥刀前冲。图中物象造型准确生动，线条流畅。胡人，是匈奴族人的别称。匈奴族是我国历史上北方一个古老的游牧民族。狩猎在匈奴人的经济生活中占有重要地位。它兴起于战国时期，强盛于秦末汉初。西汉初年，匈奴奴隶主贵族为了掠夺财物和奴隶，经常骚扰汉朝的北部边境。《史记·匈奴列传》载：「初，匈奴好汉缯絮食物」及「汉孝文皇帝十四年，匈奴单于十四万骑入朝那、萧关，杀北地都尉，虏人民畜产甚多」。可见匈奴对汉朝北方政治经济构成严重威胁。■

胡漢戰爭圖之一
胡人入侵

此圖為胡人入侵下部前有導騎二軺車隨後其上八騎控弓射箭最上三名騎士揮刀前沖皆向左奔馳可見入侵之勢此幅當與圖二漢人迎戰圖合看方是合璧

乙酉元宵寬堂馮其庸八十又三歲於古梅書屋之南窗時正雪後初晴也

捕犯決獄圖

此圖圖主名陳陽生前當主刑事此圖寫其捕犯審訊極為生動此石署年漢安亦已入漢末期書法作漢隸亦可觀

寅生記其齡八十又三

胡汉战争图

汉人迎战

纵七三厘米·横九〇厘米

◉东汉，萧县散存，祠堂山墙构件，减地浅浮雕，图分二格。下格为二汉将各乘一轺车迎战。上格下部，五名持械执盾士卒飞驰行进，上有四汉骑弯弓射箭，上部破损，只留马身局部。此图为汉朝兵马迎战胡人入侵的场面。西汉初年，对胡人的入侵基本上采取防御及和亲政策。武帝时，对匈奴转为攻势，多次大兵进攻漠北，大败胡人，于是匈奴附汉。汉与匈奴维持了五六十年的经济、文化交往关系；王莽时才再度爆发战争，匈奴分裂为两部，南下附汉的被称为南匈奴，留居漠北的称北匈奴。北匈奴于和帝永元年间被东汉和南匈奴大败。两汉期间，胡汉之战反反复复，连续不断。《史记·匈奴列传》：「汉使贰师将军广利以三万骑出酒泉，击右贤王于天山，得胡首虏万余级而还。」◉汉代，萧县隶属于沛郡（国），由于有楚之「好勇」遗风，因而尚勇习武者众多。在考古发掘中，众多汉墓出土了戈、矛、剑、箭镞等兵器和多方反映军事体裁的画像石，进一步证实当时的社会现状。汉高祖刘邦的重要将领也因此较多出现在此区域，加之汉皇故里，贵戚云集，通过「令士卒从军死为椁，归其县」。所以，此类以军事为题材的画像在这一地区出现较多，以此为墓主人歌功颂德。二图气势恢宏、壮阔，反映出汉代胡汉战争的激烈与频繁。雕刻精细工丽，写实性强，那剑拔弩张勇往直前的气势，令人振奋。▣

胡漢戰爭圖 之二

胡漢戰爭圖共二幅，場面寬大。此圖為漢人迎戰圖。下部兩車，車各坐一人，當為將軍。下層上用樓緣隔開，樓緣上為五士馳馬迎戰，背負兵器，手中持盾；其上為四騎，開弓迎射。其上已殘，但仍可見後馬飛馳，並有數蹶狀。漢代與北方胡人作戰，乃當時之大事。至武帝時國力強盛，乃有衛青、霍去病大敗胡馬，踏匈奴之勝。迄今曾至霍去病墓，親見馬踏匈奴像。今見此拓本，猶如見當年戰火紛飛、駿馬奔馳也。

乙酉元宵節 古樵老人汀吴甫題

渔猎·庖厨·对饮图

纵九一厘米·横七三厘米

◉东汉，萧县民间藏，减地浅浮雕。图上部饰棱形纹，下饰幔纹，图分三格。下格右起：一人罟鱼，二鱼鹰叼鱼，一猎人执竿猎兽，一人射雀，后一人手拿射获之雀。上部有飞鸟和鸟头状纹饰。中格右起：一妇人井边汲水，一人操刀切肉，一人手捧食盘，一人灶前烧火，旁一人观察甑中食物是否蒸熟。上部横杆上挂鱼、猪头、猪腿。上格中部，夫妇对坐榻上，中置一樽和食盘。左有二女侍立，右有二男侍立。此图可看出从狩猎、烹饪到进餐，是在描述一条龙服务的一种手法，墓主人过着不劳而获的富足生活。◉狩猎在原始社会是人类赖以衣食的主要手段。到了商周时期，由于农业和手工业的发展，狩猎的重要价值只是在某些人群中显现出来，刀、叉、剑、箭、矛的应用大大提高了狩猎效率，狩猎形式和主旨的变化，才是根本的变化。首先，狩猎已成为地主豪族们游赏休闲的时尚。此种狩猎大都在草木凋落后的秋季和初冬时节，有些也在早春，官僚士大夫们骑马乘车，还有前导后从，来到山野高台，观看其奴仆们捕杀猎物的情景，间或他们也一试弓马和刀、剑功夫，更多的则是一种对狩猎和品尝野味的享受；第二种，狩猎的主体是地主官僚们的奴仆，拿着竿、刀、叉，一年四季奔跑蹿跳在山野丛林，猎获天上飞的、地上跑的禽兽，以供达官贵人的美餐。而真正意义上靠狩猎为生者已仅限深山老林的猎户了。第三种，是纯为祭祀用的狩猎。此图属于上述第二种形式和主旨的狩猎。▣

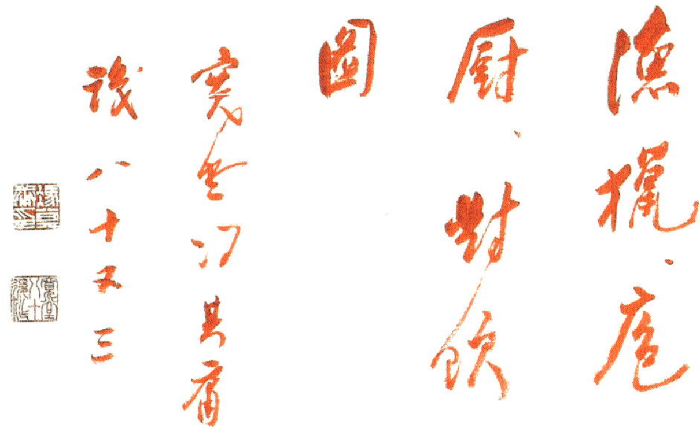
漁獵、庖厨、射飲圖
寬堂馮其庸識八十又三

侯技坤画像石

纵六七厘米·横六八厘米

◉东汉，江苏徐州民间藏，减地浅浮雕。图左下方，有一人持盾迎侯技坤之车，侯技坤坐于轺车后，前有一御者，车后有女娲。上方两侧二人张弓射雀，中部一人跳丸，一人弄轮。最上方有飞雀数只和一雀被射中颈而坠落，一虎惊走。两侧题记：「故上邳郡道里亭亭长侯技坤字汉良中平三年六月廿一日丙申朔日病而□有三子二女侯府察举孝廉起石堂　造大冢左罡非地石□尸一息曹□用钱一万二千金人马皆食苍俳令终但□皇□何□会□勿相忘传后子孙令知之」。◉汉墓中画像的题记，是对墓中人历史的总结，或肯定或赞颂，文字简明扼要，具有重要的研究价值。此种题记，有墓主人的家人所撰，如山东苍山元嘉元年画像石墓的题记：「其中画，像家亲，玉女执樽……」也有的是墓主人自己生前所写，如东汉人赵岐，未死便为自己作墓室自画像。说明画中主人为自己或亲人，因此图中乘车人当为侯技坤，迎接者为魂门亭长。题记中的上邳郡，经查，无此郡名；但有下邳国，下邳郡，为东汉建立后所置；已出土画像石的题记时有错别字，故疑上邳郡的「郡」字有误。又据《楚汉文化概观》载：奚仲（薛国的祖先）居于薛（山东滕县东南），迁于邳（今山东枣庄薛城区西三十里），此处即为上邳。据《汉书·楚元王传》载，楚元王次子夷王刘郢被封为上邳侯。■

漢上郡道里亭長侯拔坤畫像石

此石署中平三年，已是漢靈帝劉宏年號，已入後漢末世。石墓道有長題，書法似漢隸，是當時流行之書體。

乙酉新正汀芳齋讀碑記

返家图

纵七八厘米·横一〇二厘米

◉东汉，萧县民间藏，减地浅浮雕。边饰幔纹，图分二格。下格右起，一人捧盾送行，女娲前一轺车快速行驶，一导骑执旌旗在前开道，对面一人捧盾迎接来宾。上格右起，一人骑一异兽，一人射雀，雀口吐三珠，一人耍弄一蛇，屋内返家之人正准备吃侍者送来的食品，屋外左方一人跽坐，屋上落二鸟。◉图右一阳间亭长送行，女娲成为乘车人的灵魂守护神，前方所到处有阴间魂门亭长相迎。为了与阳间亭长区别，阴间亭长披发无冠。《左传·景公十年》：「晋侯梦大厉，被发及地。」就是说到景公夜梦披发之鬼。上格就描述了墓主人阴宅的快乐生活。图中间条带隔栏是阴阳间的界限。■

杖刑图

纵九五厘米・横七七厘米

◉ 东汉，宿州市民间藏，减地浅浮雕，图边饰棱形纹。屋外两侧各立一侍者，屋内一吏坐，正令一狱卒杖打跪地犯人，屋上望亭内坐一人。屋檐两侧各攀一猴。▣

杖刑图

牛马同耕图

纵七一厘米・横六九厘米

◉东汉末至三国，萧县虎山散存，减地浅浮雕，图分二格。上格，一官员乘一马车左行，旁有一飞鸟，二人持笏迎接。下格，一农夫挥鞭驱牛、马拉犁耕地，牛、马之间有一横木，起平衡作用。犁上装有鞍形辟，作用是能把土向两侧翻，使土壤松散并把土表面的有机物翻入下面作底肥。左上方有一飞鸟和鹰在田间觅食，旁有一妇人箪食壶浆，为农夫送饭，并有一家犬随后待讨剩食。上格的官吏闲游与下格农夫田间挥汗如雨的劳作形成一个鲜明的对比。汉人言鬼还要吃饭，因此下方农夫的劳作，是为墓主人提供食物。◉汉武帝时的搜粟都尉赵过发明二牛三人的耦耕技术，生产力被进一步提高。到西汉晚期，出现了一人扶犁御二牛的更为先进方法，减少了人力。即一人驱二牛，二牛的鼻环上用绳系住，一犁横驾二牛肩上，固定了二牛间距离，使其协调行走，牛挽犁的力被合理利用。此图为牛、马合犋犁耕，表明畜力的使用和套驾有了进一步发展。从画像中人物服饰、线条等综合看，较汉中期有了一些变化。沛国气候湿润，土地肥沃，又有诸水灌溉之利，农耕和手工业经济得到了很大发展。西汉「文景之治」后，沛国曾是全国最为富庶的地方之一。但是，自东汉末年至三国时期，由于豪强混战割据，地方赋税加重，变得农人稀少，饿殍遍野了。地主豪强利用他们把持的权势疯狂地兼并和掠夺土地，各郡县都形成了一些集政治、经济、军事于一体的坞堡庄园。那些失去土地的游民和一些生计艰难的自耕农，便纷纷投靠坞堡庄园，成了庄园主的佃客。◉公元七六年，汉章帝在诏书中说，国中耕牛，病死较多；所以，为保护耕牛，宰杀自己的牛或偷别家的牛都会被处以死刑。自耕农一家买不起牛，只有搭帮，但几家搭帮也买不起一牛一马，图下格，右边为一农人套一牛一马扶犁耕地，说明该农人不是自耕农而是坞堡庄园的佃客。上格乘车者为庄园主，小吏持笏恭迎，反映出坞堡庄园森严的等级制度，以小吏的卑微，衬托庄园主高贵的身份和地位。这些依附于庄园主的佃客，比那些不堪苛捐杂税重负的自耕农少了许多磨难，并得到庇护。同时，庄园主也依附于佃客，聚集财富，扩大权势。这是一种相互依附的关系，促进了当时生产力的发展。「膏田满野，奴婢千群，徒附万计」（《后汉书・仲长统传》），即是对当时状况的真实写照，并把这一拥有带入阴间。▣

牛馬同耕圖

古籍中多言牛耕漢畫及魏晉墓畫亦多見牛耕未見牛馬同耕者是則牛馬同耕亦為當時之實此圖今可補史書之闕也

乙酉元宵之夜寫於爆竹聲中題此付年八十又三

纺织图（一）

纵九九厘米·横六一厘米

◉东汉，萧县散存，减地浅浮雕。平面阴线刻，边饰水波纹，钩状纹，图分二格。下格楼下，右边一女子踞坐于纬车前摇纬，三只篗子落于横杆两侧；其身后一女子拿缠有纬线的竽管递与织女，织机上织女正双足踏蹑提综，一手拿杼，另手接竽管。机架旁一少女手扶机台；机房上横杆钩有备用的篗和丝线；楼上，六名女子交头接耳，似在谈论丝织品的优劣。中格，六名头绾发髻，身着华丽衣服的女子，姗姗而来，衣带飘动，宽袖下垂，面容自然平静，显示出东方女性的典雅端庄，雍容华贵，正缓步走向天堂。上格为天堂：一只体态硕大的凤鸟居中，口中含珠，头生羊角，身下有一灵芝，旁有飞鸟、行云和瑞兽相伴；着力渲染了仙界的美好祥和，天堂的神奇圣洁。此画像描绘了墓主人从观看织布、着装到升入仙界的情景。该图下格，让人直观地看到汉代手工纺织业使用的工具、生产工艺、流程。机房内有纺有织，紧张繁忙，但井然有序。下格织布和并丝者应为雇工，中格盛装的六名女子，似为贵族（墓主人）的妻妾或女儿。其中，特别是斜式踏蹑提综织机，是汉代的一大发明，比欧洲立式织机既方便又先进，也提前了一千多年。◉汉代的沛郡（国），地处古代东西、南北两大通道的交叉点上，交通十分方便，土地肥沃，又有泗、获、濉、淮四条河的灌溉之利，极宜植桑养蚕，缫丝织布；而此地更是汉皇故乡，多有皇亲国戚和达官贵人，需要大量的丝绸衣衫，因而，加速了该地纺织业的发展。从画像中也可看到，并丝和织布，仅是整个纺织流程中的部分操作车间，缫丝、纺线等工序留在了图外，由此，可推想沛郡（国）的纺织作坊已形成一定规模。近几年来，在考古发掘中，许多地方出土了种类繁多的织品，连同此画像石，为研究该地区手工纺织业发展状况提供了珍贵资料。另外，此画像石构图丰满，不留余白；繁而不乱，密而不窒。衣纹线条飞动，纤细、简洁，如春蚕吐丝；雕刻精美，为汉画石刻中以线造型的绝妙之作。■

紡織圖

漢畫像石中紡織圖極為希見予僅見兩件此圖線條流暢人物生動頂部為瑞鳥其下為六名貴婦再下宇閣似為六名織女其下為紡線之狀由此圖可知漢代之紡織狀況甚不可多得之形象史料也

寅生讀

紡織圖

漢畫像石中紡織圖極為希見，予僅見兩件，此圖線條流暢，人物生動，頂部為瑞鳥，其下為六名貴婦，廊下宴閒，再下似為六名織女，其下為紡織之狀，由此圖可知漢代之紡織狀況，甚不可多得之形象史料也。寬堂識

纺线图

此纺线图亦为徐州之品，上层为宾主饮乐舞，中格为纺线机上一织女正在与一青年热吻，而身后却被一纺女偷觑，此图生动反映当时之生活画面，汉代重礼法，严于男女之交，而图中却画出男女之热恋，无视礼法之限，可见官方之法终不限男女之真情也。乙酉元宵灯会门生甫识于后领楼 又此图下层为捲琴起舞图

纺织图（二）

纵一三五厘米·横一〇九厘米

◉ 东汉，萧县散存，减地浅浮雕。边饰十字穿环和幔纹，图分三格。下格，中部一女子起舞，长袖飘扬，细腰扭动，左一人在伴唱，右边一人抚琴，两侧各有一人立，或为观众。中格，一织女纬车前摇纬，扭头窥看身后一男子与织机上的织女热吻。上格上方，五名宾主，左三人、右二人席地而坐，观看百戏。下方右侧，一人击建鼓，一人折腰，一人在鼓上倒立，足登一碗并接一物。旁有一戴冠男子踏鼓而舞，一人作长袖舞。

◉ 图中描绘了男宾观看百戏，女宾观听歌舞和家中织房的三个场景。其中中格的刻画较为浪漫：织作中的织女身向后探，与走来的一男子相拥忘情热吻，如此激情四溢的情景引得摇纬女子的窥看，此女子左手正在摇纬车，右手引线，呆坐在车旁，定睛之态，也表现出她春心荡漾的复杂心情。画面洋溢着浓厚的情趣和男女热恋的甜蜜。虽然汉代有严格的礼教，但青年男女婚前的亲昵行为，仍为社会所宽容。▣

纺线图

此纺线图亦为徘徊之品，上层为宾主饮乐舞，中构为纺线机上一织女正在与一青年热吻，而身后却被一纺女偷偷观。此图生动反映当时之生活画面。汉代重礼法，严于男女之交，而图中却画出男女之热恋，无视礼法之限，可见官方之法终不限男女之真情也。

乙酉元宵於金门吕肃识於后倾楼

又此图下层为抚琴起舞图

相親

此石有長題書体作隸书已古波磔互存淺之八分署永元為後漢和帝劉肇年號圖下右為相親畫面亦當时民俗之遺也

寶雲讀碑記乙酉春寒之際

相亲

纵九六厘米·横六九厘米

◉东汉，萧县陈沟村碎石机旁发现，减地浅浮雕。边饰水波纹和棱形纹，图分二格。上格为题记：「永元年七年丙申朔十七日乙未起石室于亭直万金□□君宾长子元少子样共以冢者□君同弟诸冢欲有上者故此四年合得树木有采欲拔树木有所用斩此为君兄弟治此食堂却到三年四月六日悲哀葬」。下格，有两组画像。下边一组的右边，站着一位头戴进贤冠的长者，似为媒人，双手舞动，眉飞色舞，仿佛为自己的伶牙俐齿促成了一对新人的相见而喜不自胜，《淮南子·缪称训》：「媒妁誉人。」可见汉代已有媒人，其也爱夸大事实；左旁有年轻的头戴冠男子和头覆巾帼女子相拥而立，颇有相见恨晚之状；右边手持钩镶曲刀的戴冠毛人，欲去加害媒人，拆散那对恋人，受到了长发毛人短剑的阻挡，这个毛人还以盾去保护一对新人和媒人。上一组则是一人拉弓射虎，一人持矛刺虎。左边为白虎，《西京杂记》卷三中说：「秦末有白虎见于东海，黄公为虎所杀。」表明白虎刻在此图像中，是暴恶之兽，因此有持弓和挥矛者去捕杀它，表明驱逐邪恶，有情人在媒人的牵线中终能成为眷属。上一组图像明显小于下一组，人和虎比例缩小，是运用了远小近大的构图方法，使画面有了空间延伸之感。▣

相親

此石有長題書體作隸书已去漢碟五於漢之八分署永元為後漢和帝劉肇之年縣圖下古為相親畫面石當时民今之遺也

賓虹讀碑記乙酉春宁之之際

神龙·迎宾图

◉ 东汉，淮北市民间藏，为汉小祠堂西山墙构件。减地浅浮雕，边饰水波纹，图分四格。下格，一人持盾迎宾，二导骑开道，后有一辎车。二格为双龙咬尾。三格为条带纹，一人跪，右残缺。图中辎车的前御者为女子，头绾花髻，进一步证明「女乘辎軿」之说。前方迎接者也是阴间的魂门亭长。也可推断石祠东山墙可能是刻画男墓主之画像。上格二龙首尾相连，占据空间较大，突出了龙的神圣性。《说文》十一：「龙，鳞虫之长，能幽能明，能巨能细，春分而登天，秋分而潜渊。」所以，龙为神物，是祥瑞化身。◉ 龙，在我国古代神话中占有非常重要的地位。《广雅》中说：「有鳞曰蛟龙，有翼曰应龙，有角曰虬龙，无角曰螭龙，未升天曰蟠龙。」《论衡·龙虚篇》中说，「龙有形」、「龙有体」，它是以蛇为躯体的主干，再加上鹿的角，鱼的鳞，马的鬃和尾，鹰的爪，是远古华夏各族的图腾，标志着华夏民族的融合。从我国神话故事中可知，龙是神人坐骑，如祝融「乘两龙」；《大戴礼·五帝德》：「颛项乘龙而至四海」。晋崔豹《古今注》卷下：「世称皇（黄）帝炼丹于凿砚山，乃得仙，乘龙上天。」「上有龙虎衔利来」（山东苍山元嘉元年题记），龙又能带来财运。总之，龙是无所不能。图中二龙为升天之龙，它们既象征着高贵、吉祥，又象征着人类的生息繁衍。二格龙之构图大气，张弛有度，极具力量之感；线条流畅，富有弹性；造型优美奇特，极富升腾之象，又具有亲和友善的魅力，使龙的至高无上的神奇得以升华。▣

凯旋图

纵一一〇厘米·横一〇七厘米

◉东汉，宿州市民间藏，减地浅浮雕。此石上部锐顶，为汉代祠堂山墙构件，边饰绳纹，图分三格。上格中部，西王母坐于几前，两侧一羽人撑华盖、一羽人奉果品；右方三仙人跪拜。左侧有一为王母取食的三青鸟，旁有玉兔捣药和双头鸟。中格右上方，右二汉骑与左二胡骑拉弓对射，作杀战状。中部建筑内，右边四得胜汉将押解前绑双手之胡俘上楼，前有三持笏之吏向一官员跪传捷报。楼下方三名佩授带官员谈话，右有四名属吏拜谒。下格右起，一女子井边汲水，一人双手举鱼快步奔走，一人剖鱼，一人执便面在烤一串肉，一人和面，一人灶前烧火。烟囱上烟气升腾，甑中露出一鱼，表明在蒸鱼。厨房上悬挂鱼、猪腿、猪头。此图是备酒食犒赏凯旋之将士。◉从古到今，丰富精深的饮食文化始终存在于社会各种场合中。汉代食品粮食类有：稷、黍、麦、稻等；肉食类有牛、鱼、鸡、羊、兔等，其中牛肉最珍贵，只有祭祀后人才能享用或贵族才吃得起。另有各类蔬菜。烹调的方法有炙、煎、蒸、腊等。无酒不成宴，各种美酒增加了宴会的气氛，汉画中反映宴饮的场面比比皆是。传说中的彭祖是尧舜时期的烹饪高手，居住今徐州市西大彭村，与淮北毗邻。在汉代之前彭城的雉羹和鱼汁羊肉（汉字的「鲜」字，传说即由此而来）就誉满四方。沛县的鼋汁狗肉也名闻全国。图中胡汉战斗，以汉人大捷告终，将士凯旋，自然要大摆酒宴庆贺，因而，忙坏了厨房中人，剖鱼、炙肉、和面忙得汗流浃背。此图是对墓主生前功绩的纪念性的追忆，如同霍去病墓前的《马踏匈奴》等刻石；西汉中后期，「四夷宾服」，汉宣武帝怀念勋臣功绩，「乃图画其人于麟麒阁，法其形貌，署其官爵姓名」，共计十一人。因此，图中屋内听传捷报的官员应为墓主画像。图中雕刻极尽工细，瑰丽。表现出了工匠精湛的雕刻技艺。在构图上，把战事放在右上角，具有衬托作用，而用大面积场景描述押俘及厨房的繁忙，使庆功的场面得以显著突出。■

凯旋图 汀若甫题

下格右起一人井边汲水送鱼剖鱼烤肉和面灶前烧火做饭以犒将士中格左下方三人交谈边边四人拜谒右上方二胡骑与二汉骑交战中间建筑内有汉将凯旋边押解所俘胡人上楼一官员听二属吏报告喜讯

上格王母居中两侧玉兔捣药三青鸟守護 羽人撑华盖求仙拜谒

青龙白虎图

纵四六厘米·横一八四厘米

◉ 东汉，萧县虎山散存，石体下部凿有二门臼，可知画像应是墓的门楣。减地浅浮雕，图边饰幔纹，图中左龙右虎，正合汉镜铭：「左龙右虎辟不详」。喻示祥瑞、辟邪之意。而在山东苍山元嘉元年的题记中有：「上有龙虎衔利来」。表明龙虎具有求财之意。因此龙虎刻画位置的变换，则表示不同含义。▣

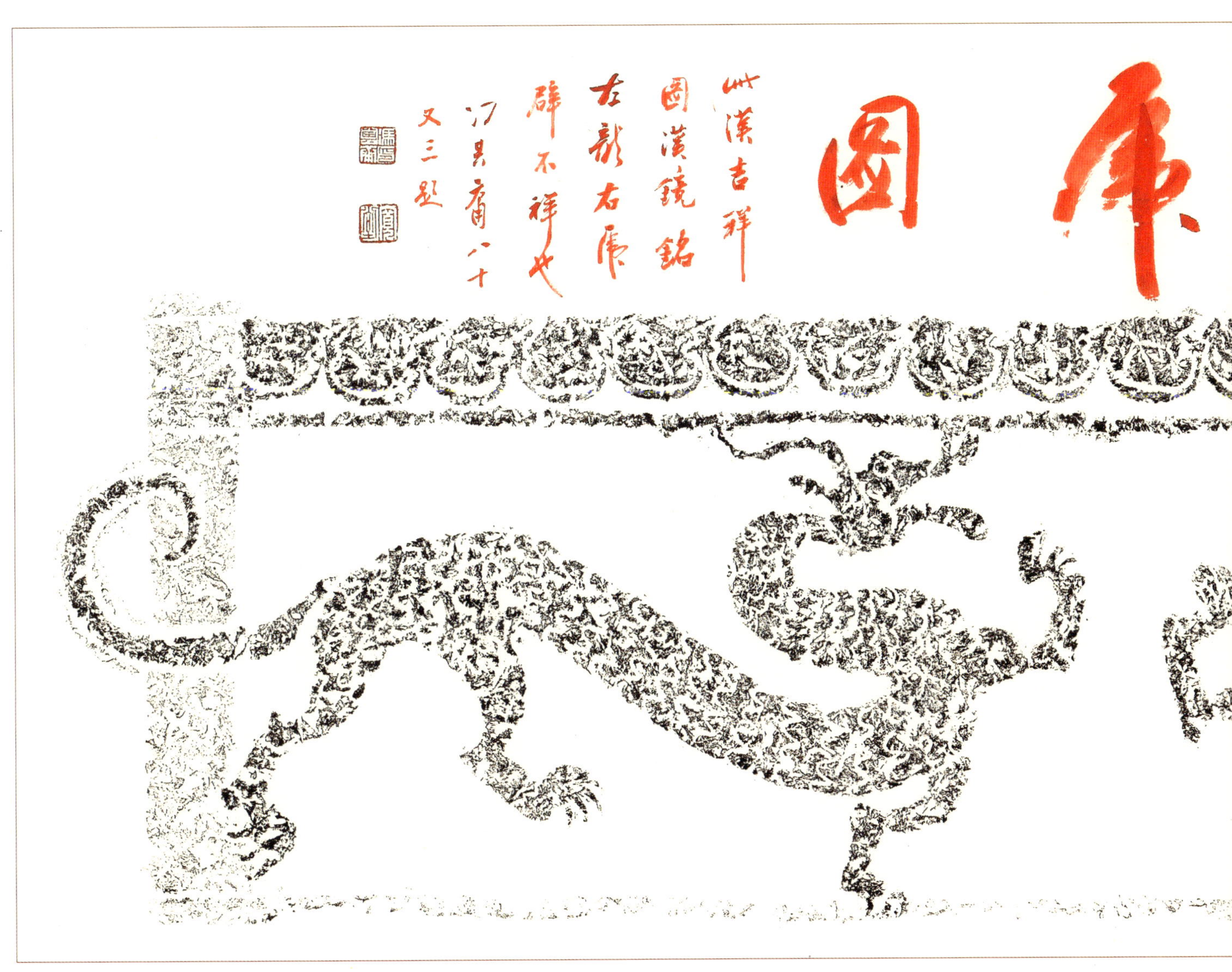

王公王母食丹图

此石於蕭縣虎山一粉碎機邊被發現共五塊其中一塊已粉碎圖中部有玉兔和吳剛正為王西王母搗藥

王公王母食丹图

纵四六厘米·横一七二厘米

◉东汉，萧县虎山下碎石机旁发现。共五石，为了不被粉碎，我出资购回家中。减地浅浮雕，图上饰云纹，下饰漩涡纹。图中部有玉兔和吴刚正挥杵捣制丹药，左右分别有麒麟和仙鹿，图两侧有居于仙山悬圃之上的东王公及西王母，二神旁有献丹药的羽人。此图反映了汉代人们求长生、求神仙的思想。在汉画中，鹿的形象出现较多，是取鹿与「禄」的谐音，以求高官厚禄之意。◉西王母是两汉时期的主神之一。《山海经·西次三经》：「玉山，西王母所居也。西王母其状如人，豹尾虎齿而善啸，蓬发戴胜，是司天之厉及五残。」西王母是一个相貌凶恶，主管上天灾厉和五刑残杀之气的。《海内北经》：「西王母梯几而戴胜，其南有三青鸟，为西王母取食，在昆仑虚北。」看来神也怕饿，要吃食物。《淮南子·览冥训》有「羿请不死之药于西王母」，她又有长生药。《穆天子传》：「天子宾于西王母，……西王母为天子谣。」西王母转化为形象美丽而能歌的神人。西王母居昆仑山，其上有玉兔、仙人、九尾狐等。《神异志·东荒经》：「东荒山中有大石室，东王公居焉。长一丈，头发皓白，人形鸟面而虎尾。」《中荒经》：「昆仑山，……西王母岁登翼（希有）上，会东王公也。」西王母成了东王公的配偶。图中右方悬圃仙人应是西王母，头绾双髻，是汉代少女常饰发型。左当为东王公，二仙遥望，不知何时能相会。▣

麒麟和仙鹿最後面是居於仙山之上的東王公西王母二神旁有獻丹藥的羽人

乙酉仲春蒙翁記其旁識讀

嫦娥奔月图

纵一三〇厘米・横六六厘米

◉东汉，淮北市散存，减地浅浮雕。左右两边饰幔纹，上下饰交叉状斜线纹。图下方中间一男子持叉叉向饕餮，两侧各一阙，为天堂之门入口。阙顶各一猴登临，二猴各伸一手抓着面前水波长带，带上有二游鱼。上方一高髻女子左手拿一芝草，衣带飘飘，腾空飞翔。左上方有一朱雀；右方有两颗星星、一轮弯月。最上方左侧框内有二龙相对，可能是苍龙星座；右侧有一羽人骑神鸟飞翔，旁有一太阳。嫦娥也称姮娥。《淮南子・览冥训》言：「羿请不死之药于西王母，姮娥窃以奔月。」高诱注：「姮娥，羿妻；羿请不死之药于西王母，未及服食之，姮娥盗食之，得仙，奔月中为月精也。」◉四川简阳鬼头山石棺画像中，双阙旁题：「天门」二字，可知图中下方之阙具有天堂之门的意义；鱼为水中之物，河中所居，因此，双鱼边波涛状条带是天河的象征。嫦娥面部丰满，身体微右倾，体态婀娜，凌空飞舞，自由自在飘浮于天空。其飞行的态势由衣裙后两根随风飞动、盘旋的长带而被表现出来。上方月亮、星星的雕刻也别具一格，常见的月亮、星星为圆形，反映了此地区对它们的描绘，已向写实性发展。此图给了后人登月的美好幻想，而今已变为现实。■

常娥奔月圖
八十又三

常娥奔月圖

圖下方中部，一男子持叉刺饕餮，而遠方闕門一側為天堂之門，門前有一猴攀援其上。上方一水波紋條帶貫於左右，並有兩游魚，魚顯天河，上左一朱雀，右一女子衣帶飄動，手持靈芝向上方之星。星、月亮、彗星，星作五角，月亮作鉤形，所謂月如鉤也。此所為常娥奔月故事。傳常娥為后羿之妻，淮南子覽冥訓：羿請不死之藥於西王母，娥竊以奔月，悵然有喪，無以續之。圖最上有一雙羽仙人乘朱雀遨遊，旁一太陽，圖左方小格內二龍相對，似為渡龍星座。此圖漢畫中極見可貴也。

乙酉端午實齋馮其庸讀 八十又三

建宁二年车马出行图

纵四七厘米·横一〇〇厘米

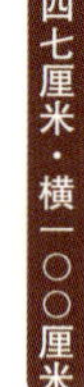

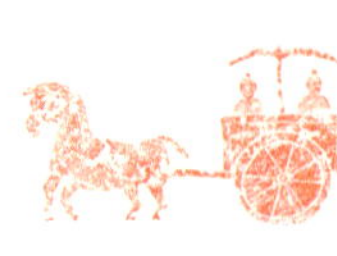

◉ 东汉，淮北市散存，减地浅浮雕。边饰棱形纹，间以斜线纹。图中一马拉轺车，上乘二人，前为驭者，后为官吏。三名持戟士卒紧随其后。图上部题刻：「建宁二年六月十五日造」。建宁，为汉灵帝年号；建宁二年，为公元一六九年。▣

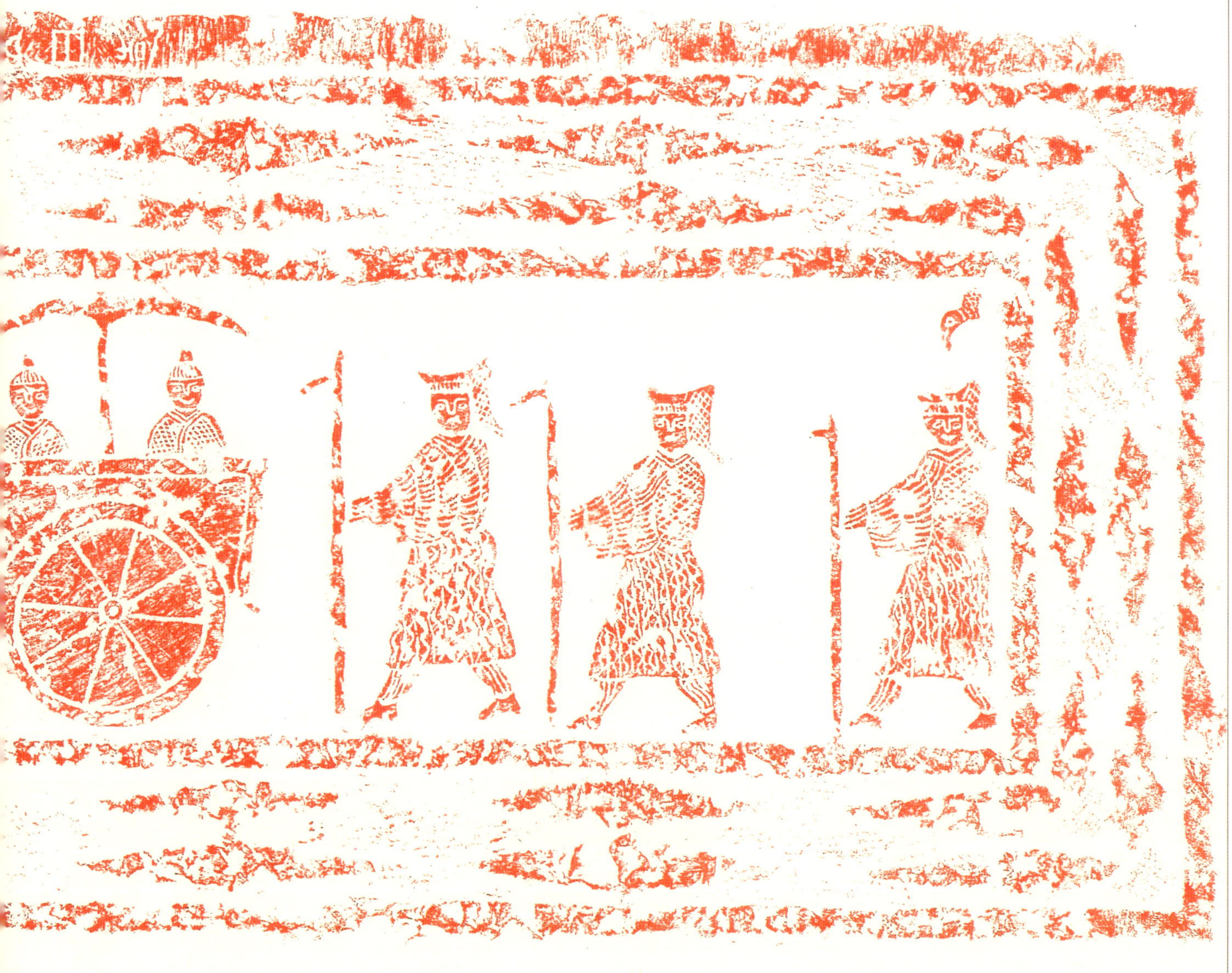

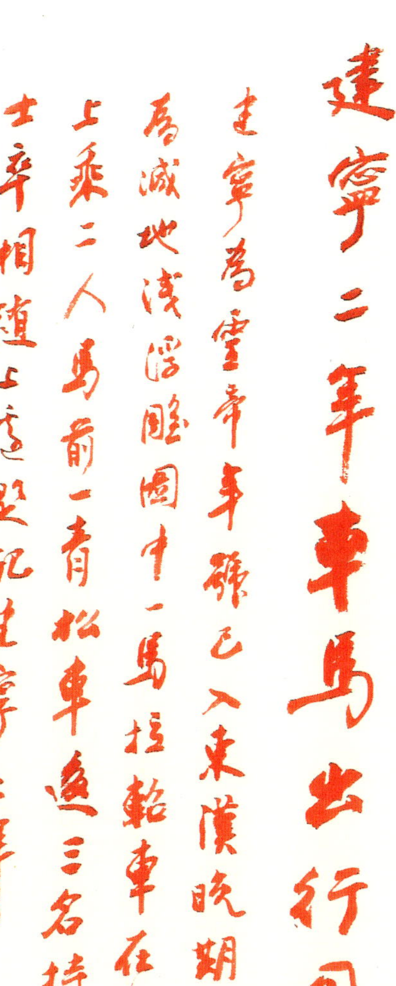

建寧二年車馬出行圖

建寧爲靈帝年號已入東漢晚期圖爲減地淺浮雕圖中一馬拉軺車在前上乘二人馬前一青松車後三名持戟士卒相隨上邊題記建寧二年

乙酉暮春习之庸識讀

刺客图

刺客题材于汉画中不多见此图上格画一刺客门刺后一卫士持斧砍刺客下格画一刺客以箭射入屋内一人倒地此石署年永平为东汉明帝年号

刺客图

纵八七厘米·横五〇厘米

◉东汉，萧县散存，减地浅浮雕。图上、下饰幔纹，图分二格。下格，一人向屋内射箭，屋内一人扑倒于地。上格屋内，一人持剑刺向另一人，一卫士持斧钺砍刺客，屋上两侧有一飞鸟和一猴登临。题记为：「永平二年四月十六日己寅杨吏毛礼省事贤书□□常潜玄穹携手颜孟慎铭斯诔」。◉永平，为汉明帝年号；永平二年，为公元五九年。汉人非常敬仰古人舍生取义，常于宫室的壁画中绘有诸如荆轲刺秦王、专诸刺王僚等感人故事。此图是在表明，仁人志士，舍身除暴的过程，上格被刺者为暴政之王，刺客首次未遂，下格另一人继续完成除恶任务。上格房屋的墙体右面没有刻出，屋顶悬空似被刺客之猛刀冲击所撞倒，达到了一种超常的意境；下格的隔墙射箭，人被射杀，夸张地表明勇士之神力异常，箭镞穿墙而入。从此方石刻题记中可以看出，东汉初隶书已向方便实用的楷意隶书变化，表明汉代书体已有多样性。另外，出土的《居延汉简》为西汉末至东汉初之物，其文字也出现了较多楷意，表明汉代书体的多样化。■

刺客图

刺客题材于汉画中不多见此图上栏画一刺客闯入刺后一卫士持斧砍刺客下栏画一刺客以箭射入屋内一人倒地此石署年永平为东汉明帝年号

汀君石泉读

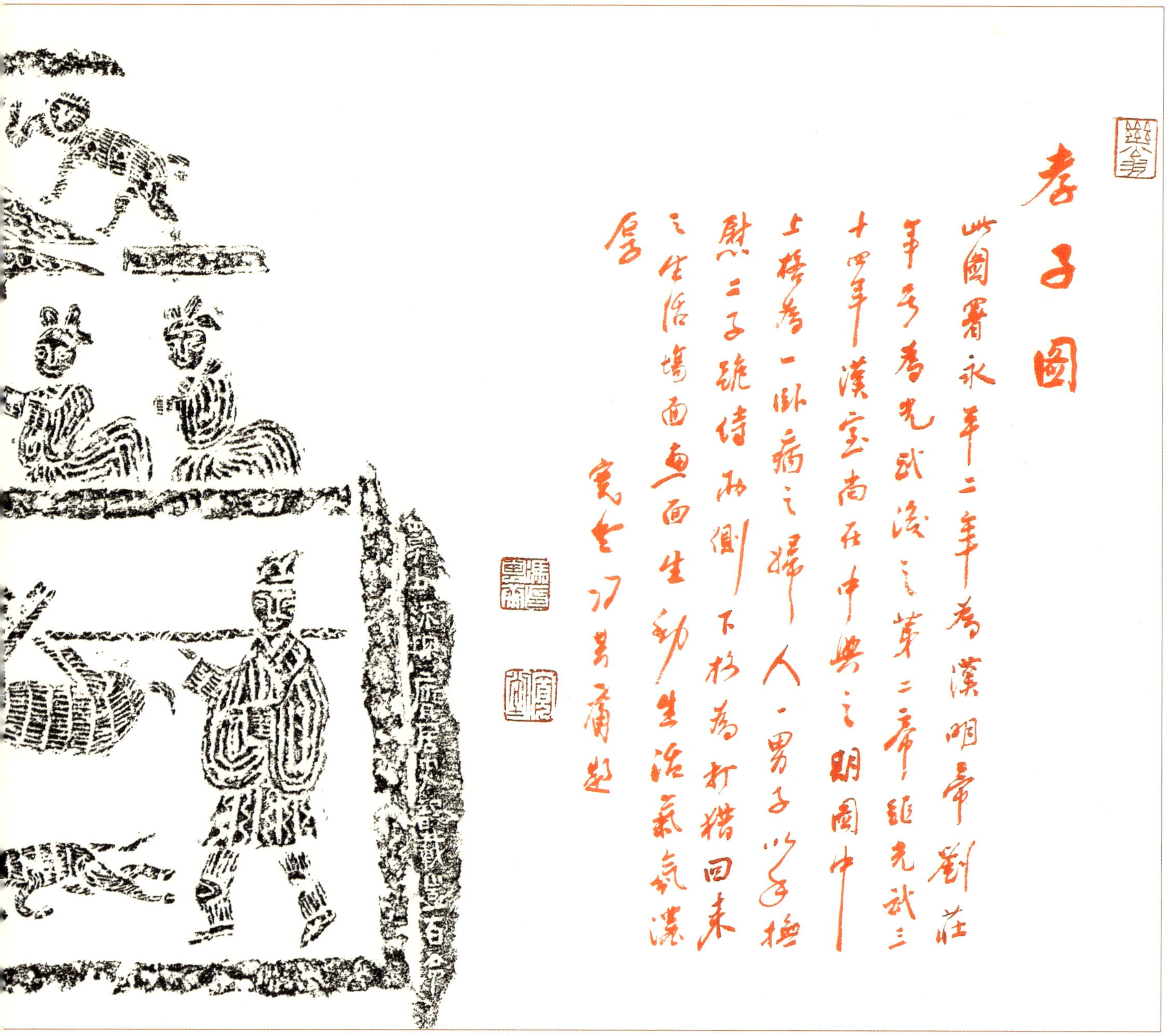

孝子图

此图署永平二年为汉明帝刘庄年号为光武后之第二帝距光武三十四年汉室尚在中兴之期图中上格为一卧病之妇人一男子以手抚慰二子跪侍两侧下格为打猎回来之生活场面画面生动生活气氛浓厚

宾生刀书斋题

孝子图

纵五七厘米·横九三厘米

◉东汉，淮北市散存，减地浅浮雕，图分二格。下格左方有二仆人打猎归来，抬一猎物，兴高采烈，下有一猎犬飞奔。右方，一人杀猎物，一人灶前烧火做饭，灶上有甑和釜，上悬猎物腿和一鱼。上格，屋外两侧，侍男侍女五名踞坐候传；屋内一头绾发髻的妇人躺床上似有病，旁有一男长者伸手爱抚，表现出关切之情，并有二子跪于床两边，二子表现出祈盼其母病情早日好转的焦急状态。屋檐两侧落一雀和一猴。画像两侧题记：「崇上流琛膺居史载汜邑百命　永平二年三月戊午四日葬」。◉《孝经》把敬老爱幼的思想，加以大力提倡，把孝定为百行之首。儒家提倡孝悌的目的，是维护宗法等级观念。不孝敬老人，不亲爱友邻，就不会去忠君，也不能做官。因此，东汉把「举孝廉」作为选拔人才任命官员的一个非常重要的手段。图中把床边的孝子脸部刻画的较狭小，中部长者脸部较为宽大，一长一幼的面容跃然石上。服虔《通俗文》：「床三尺五曰榻，板独坐曰枰，八尺曰床。」这是说床比榻稍宽而长，图中妇人卧具当为床。整幅画面把家人有病而不安的状况充分表现了出来。▣

侍食图

纵八六厘米·横四六厘米

◉东汉，萧县民间藏，减地浅浮雕。图上、下饰幔纹，图分二格。上格，一人井边汲水，旁有一鸡觅食，另一仆人灶前烧火做饭，上方悬挂猪腿、鱼。下格，屋外两侧各立一侍者，屋内主人坐于榻上，此图反映了主仆之间的等级关系和墓主日常生活。■

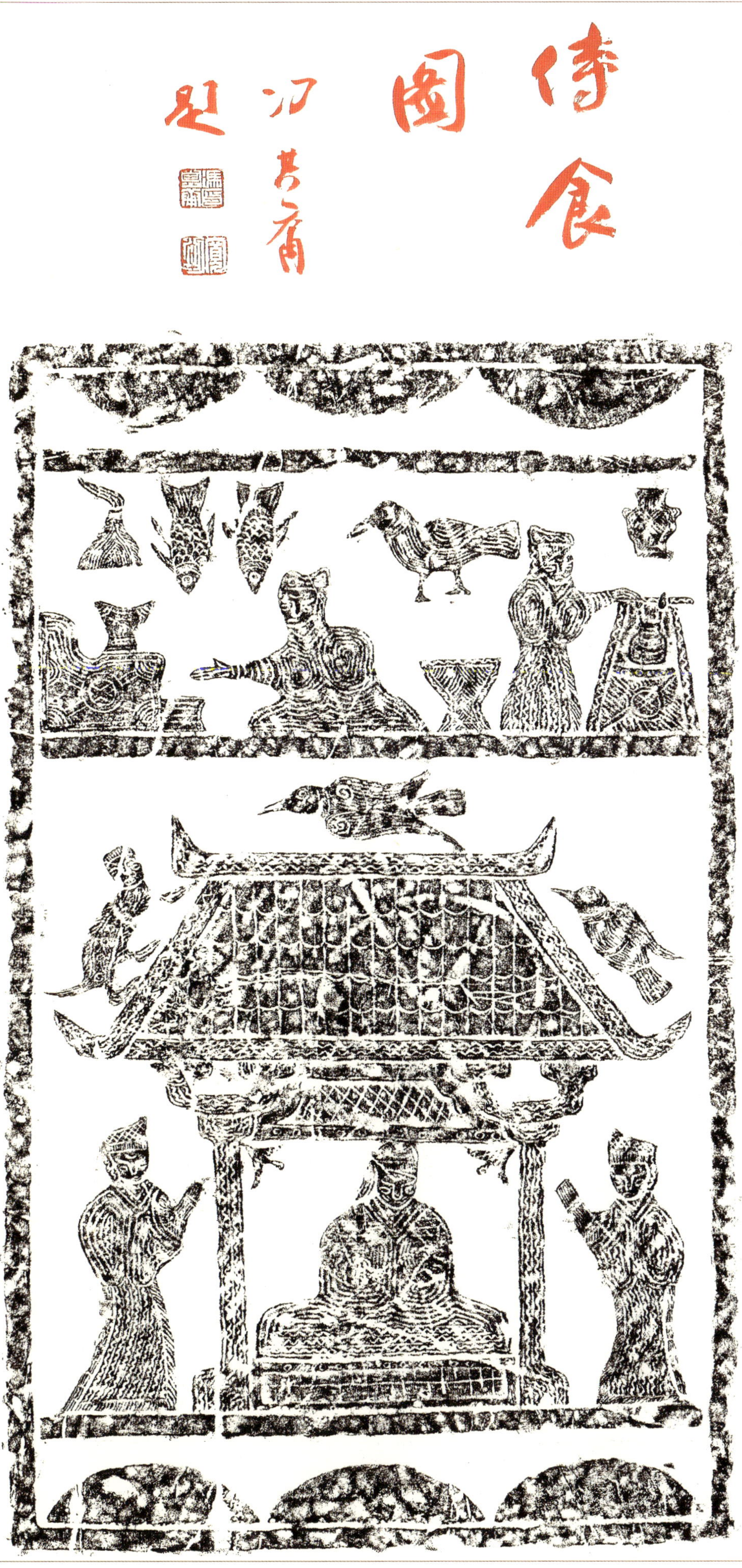
侍食圖

斲轮图

纵五〇厘米·横一二八厘米

◉东汉，淮北市民间藏，减地高浮雕，石右边残缺。图右，残存动物及车之一角，左边幔帐内一主人坐于榻上进餐，旁置一盘，内放耳杯和食物。其左有二轮，人或立或仰卧，在组装车轮。车轮的构件中有数段辋和多根辐条、车轴。最左端一棵漆树下，放一桶用于接树沥下之漆。旁一长发妇人一手提桶，另一手拿勺在树之洼处舀漆。木器经油漆后，能经久耐用。漆树是我国特产，有粘性乳汁。小枝粗壮，生奇数羽状复叶，叶呈椭圆形、卵形。自战国起，漆被广泛使用于日常生活。◉车是古代交通的重要工具，车的结构复杂，形制多样。汉代一辆车复杂的部件，由多个工种完成。《考工记》：「凡攻木之工七，……攻木之工：轮、舆……」是说，凡攻治木材的工匠分为七类，攻木之工有轮人、舆人等。轮人专造车轮，舆人专造车厢，各司其职。车各部件造成之后还要在外涂漆，即「鞔之以革而漆之」（《周礼·巾车》郑注），最后就组装成坚固耐用的车。◉此墓主可能在外任造车之官，死后把生前仕途经历刻于此处。画像石即是人世间生活的反映，但此时雕刻的人与物主要目的是为阴间服务，所以说图中轮人是在为墓主阴间交通做准备，右边是造好之车。让造车中的沥漆、造轮与成品车同处一个画面，也是汉人的一种具有连续的叙事手法。▣

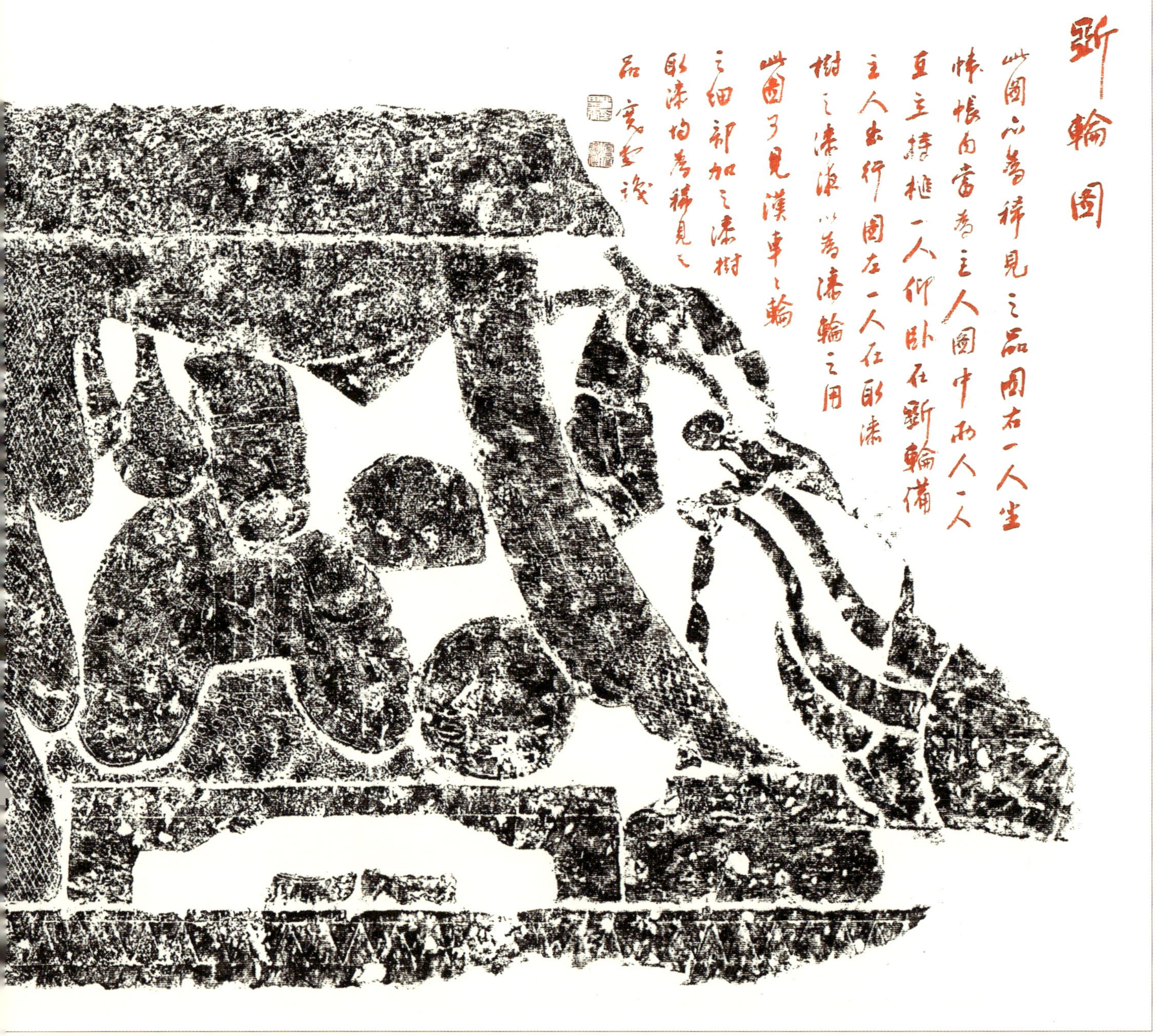

斲輪圖

此圖亦為稀見之品圖右一人坐帷帳內當為主人圖中兩人一人立主持椎一人仰卧在斲輪備主人出行圖左一人在取漆樹之漆液以為漆輪之用此圖可見漢車之輪之細部加之漆樹取漆均為稀見之品 寔和跋

應龍戲鳳圖

此圖上端為一應龍正作蹀動之勢中格為室飲圖賓主對飲屋外兩側有列鼎待食下格有雙鳳鳥相戲

寳壺門生甫讀

讀時年八十又三

应龙戏凤图

纵九七厘米·横四二厘米

◉ 东汉，萧县散存，减地浅浮雕。图边上、下饰幔纹，图分三格。下格双凤相戏，中格屋外两侧各置一鼎，屋内二人对坐进食，屋上有飞鸟三只。上格，一应龙作行走状，边有一鸟头伸出。此图充满吉祥之意。图户外各列一鼎，鼎是古代炊器和祭祀用具。在汉代较多用灶上加釜、甑做饭，鼎多用于盛放食物。图中鼎大于人，充满拙朴之貌。二凤相互缠绵，体现出相恋和依依不舍之趣；昂首展翅，有双双欲飞之态，暗示了夫妻恩爱之意。▣

應龍戲鳳圖

此圖上端為一應龍，正作躍動之勢；中格為宴飲圖，賓主對飲，屋外兩側有列鼎待食；下格有兩鳳鳥相戲。寔堂汀某甫謹讀，時年八十又三

士相见图

纵一〇〇厘米・横五五厘米

◉东汉，淮北市民间藏，减地浅浮雕。左边饰斜线纹，右边饰棱形纹，图分三格。下格为客人乘车来访，前一御者挥鞭赶马，马奋头扬蹄向前飞奔。中格，主人居中，右一执笏谒者禀告，左边一来宾跪拜主人。上格有二羽兽相戏。◉在汉代官府和贵族家中，多有称为谒者的上传下达的职官，以显示其身份、地位。谒者与来访者均戴进贤冠，《续汉书・舆服志》：「公侯三梁。中二千石以下至博士二梁。自博士以下至小史、私学弟子皆一梁。」说明同样是进贤冠，官职大小要从梁上分。居中主人头戴武冠，嘴角留须，袖手傲然直立。神态稳重，表现出尊者之态。来访者屈膝长跪，拱手持笏，低眉细语，生怕冒犯上司之态毕现。一高大，一低矮，一尊一卑。表现了墓主在阴间不甘寂寞，刻画一些属吏、侍从聊以自慰。■

士相見圖

祭祖图

此石署中平六年中平六年即灵帝之最后一年此年四月少帝即位改元光熹故文籍中平无六年可知此石在光熹元年四月之前

汉君斋读

祭祖图

纵八九厘米·横五六厘米

◉东汉，萧县民间藏，减地浅浮雕。上、下边饰幔纹，图分二格。下格屋内，主人居几后。汉代人坐于床、榻上的坐姿，接近于现在跪姿，坐久了会感到累，有时会凭几而坐。右边头戴进贤冠的男子躬身手捧一盘，盘内放觯，觯内似乎美酒飘香；左边其妇头绾发髻在旁相伴，可看出汉代妇女的社会地位较低下。屋上有幔帐垂下，屋右戴通天冠的男子手持笏板待传；屋左戴武冠的卫士持戟而立。屋上方有二鸟相对停落，两侧各攀一猴，远处空中二鸟飞翔。房屋上板瓦或筒瓦纵横成行排列，紧密互扣。屋面形成一定坡度，便于雨水下流，四阿顶式的建造可防水浸湿墙体（汉代墙体有些是以土版筑）。边框及幔纹上施以较规则的麻点，作为装饰，在平淡中出现变化。山东曲阜画像石较多见此装饰。题记为：「君令□合张君□豫荆潜隐遭灭陨其名亲出典诸乃其景地□相环者金都尉死在于子孙供事迁于风山之郊勺止石室继祖母先□承志存亡之敬同祖父合葬一子二女至子孙出钱八百万中平六年二月丙辰造□四月七日葬」。从题记中让人感觉到建墓的后人出于孝心，而刻出先人的形象并有仆从相伴，使先人在地下过着无忧无虑的生活。■

祭祖圖

此石署中平六年中平六年即靈帝之最後一年此年四月少帝即位改元光熹故史籍中平無六年可知此石在光熹元年四月之前

汀其甫讀

辟邪图

纵八五厘米・横五〇厘米

◉东汉，萧县民间藏，减地浅浮雕，图分三格。下格，一成年兽扭头张口，似在唤身后幼兽。中格为九头开明兽。上格为鸟头兽。此图为《伏羲女娲图》的背后刻石。此中物象亦为辟邪驱疫之意。▣

辟邪圖

饮酒观舞图

纵五二厘米・横九〇厘米

◉ 东汉，萧县民间藏，平面阴线刻。图下部右方起：一男子持笏立，一人击鼓，一人抚琴，一女子起舞，一女子跪坐伴唱。楼上屋两侧，各踞坐一持便面侍者。屋内夫妇对坐樽前，其中男子凭几而坐。妇人的长裙，夸张地伸出墙外。二人神情贯注，已被身旁优美的歌舞所迷。屋外上方两侧各一阙。此图刀法洗练，寥寥数笔，使画中人物各具情态，表现了汉代贵族的豪华生活。◉ 图中右边持笏佩剑男子为这次歌舞演出的主事人，他既要向屋内观看的贵族夫妇报告表演的节目，又负有组织、安排表演的职责。在同类歌舞画像石中虽然还不敢说是惟一的一方，但依然不能不说是它的一个特点。此图歌舞表演在左，伴奏在右，与当今的戏曲和歌舞演出时的表演和伴奏的方位相同，所不同的只是现在的表演者占据舞台全部表演区空间，乐队则被挤出表演区到了台侧；特别是左边跪坐歌唱的女子——《西京杂记》中「女娥坐唱」的出现，打破了以往歌舞演员动作和部位变化频繁的形式，显露出了我国戏曲形成之前的孕育阶段的特点，这为研究我国地方戏曲剧种形成的源头提供了可视性资料。■

饮酒观舞图

此图下栏自右至左依次为一男子抚琴主一人伴唱一人击鼓一人起舞又一人伴唱上栏榻上中二人饮酒观舞娱乐左右两人侍此为汉画中常见宴乐场面可见一般官僚地主之生活情状

宪章

驱邪辟疫图

纵四八厘米·横九七厘米

◉ 东汉，淮北市散存，减地浅浮雕，边饰幔纹。图中右方，二人双手各持一刀作拼搏状，下方有一羽人，上方有一熊行走；中间一人持戟刺一腹部胀起之恶鬼。上部有一饕餮，其有头无身，相貌狰狞，令人生畏。最后一人持戟刺向飞起的羽人，旁有一熊行走。此图为汉代人驱鬼辟疫的一种表现形式。◉ 在古代，人们认为人死后会有各级官吏掌鬼事，镇墓文就是其反映，说明阴间也有恶鬼凶邪；《周礼》中有方相氏专司驱邪之职，「师百隶而时难（傩），以索室驱疫」；另有认为鬼畏桃木，用桃茢（用桃枝编的扫帚）扫除不祥。《左传·襄公二十九年》：「乃使巫以桃茢先祓殡。」图中二舞刀之人手中之刀，从形看不是实用器，可能是驱下方鬼的桃木刀。桃木驱邪的迷信习俗，至今在农村某些地方还被沿用。■

驅邪辟疫圖

圖右起二人揮雙刀搏鬥下方一羽人展雙翅一人提戟刺脹胸之人似為脹鬼右上有一長頸雙臂而無身之饕餮傳說饕餮有頭無身食人不咽最後一人持矛刺一飛起羽人圖上方左右各一熊此圖當為漢代常見之驅邪辟疫民俗　此圖右上有一淩空飛翔之飛天極為珍貴予曾著文論證中國自有飛天與印度飛天各異此為予所見最早之飛天亦為可貴

乙酉暮春汀其齋讀

仙人戏凤图

纵六〇厘米・横一四〇厘米

◉东汉，宿州民间藏，减地浅浮雕，图分三框。图左右和上部饰幔纹，中部石面破损严重没作画像，下部为一人双臂张开，持物戏一凤和一翼兽。右框题记：「永和三年一月一(日)东归行天帛仁□□九淳集冰于之众释琴闺唱□廷于德敬插名戒道响晋物□本导便郡治驾讠求得太中朝□守别□春宁驾咏秋德举歌□岷秀州□庶民求主天行归東帛仁□□焦」。左框题记：「永和□德与类百疾勿铭其丧翦诛躬官其志如□当志何不□保业□弟□岳□道□□遭□骞山始隆□崩□至幽目回人潜□潜□桅□玄金圣想穹石西文姿江携荣白□湖手枯命」。永和三年，为公元一三八年。■

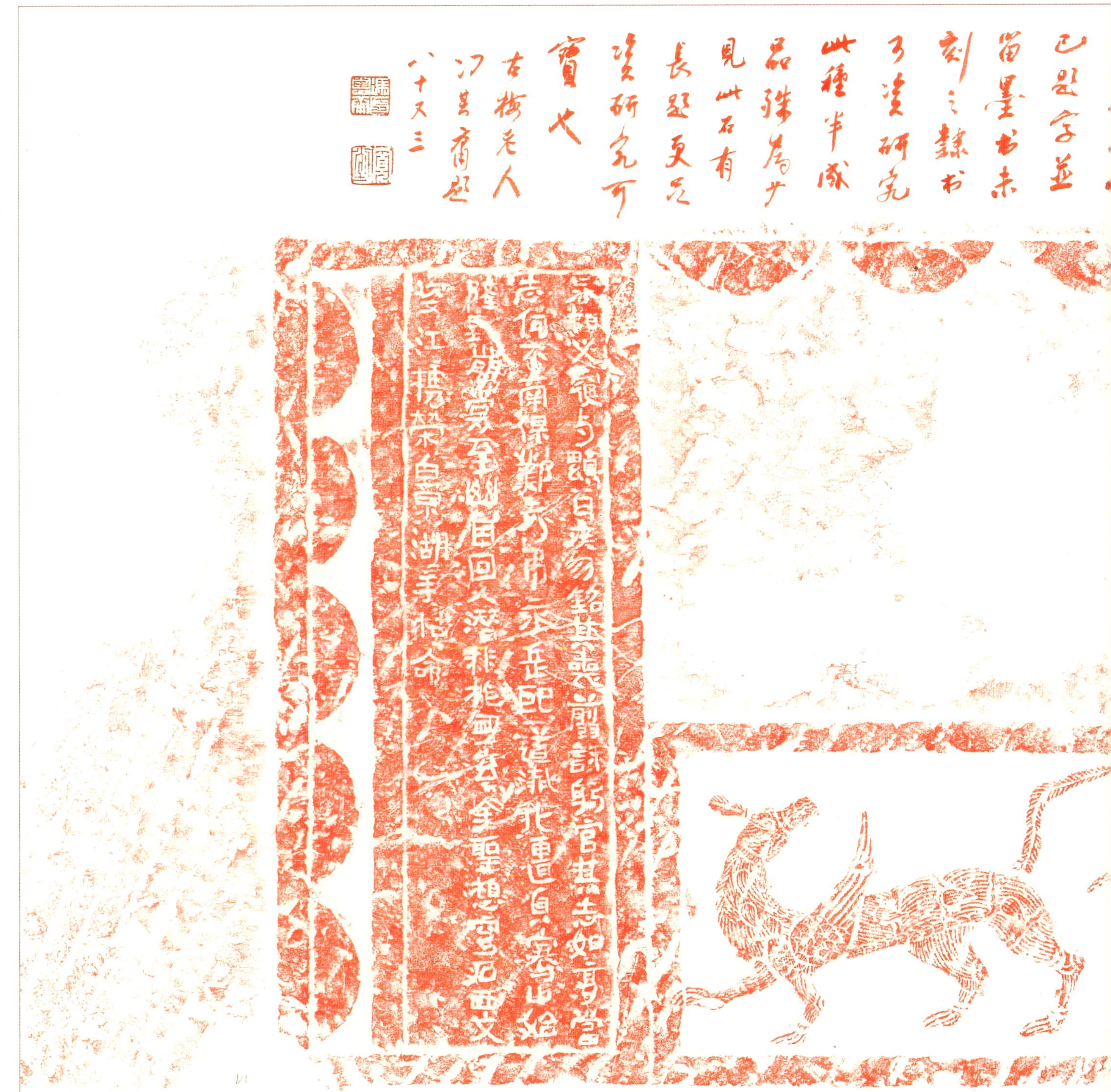
已題字並
留墨書未
刻之隸書
可資研究
此種半成
品殊為少
見此石有
長題更足
資研究可
寶也
古梅老人
八十又三

瑞禽車馬圖

車馬出行祥禽迴護此皆示吉祥之意為漢畫中常見之題材

寬堂馮其庸讀

瑞禽车马图

纵一〇〇厘米·横五七厘米

◉东汉，萧县虎山散存，图分二格。上格，二鸟相戏，喻示相亲相爱。旁有飞鸟数只。下格，一马拉车上乘二人，前为御者，后坐官吏。图中线条细腻多变，形象优美，颇富装饰性。▣

瑞禽車馬圖

車馬出行祥禽迴護此皆示吉祥之意為漢畫中常見之題材

寬堂馮其庸識

沙場搏擊圖

此圖以寫古戰場之一角下欄二人騎馬搏擊下一人受傷倒地已死一人負傷掙扎左上以鳥人神對話

汀芸肖識

沙场搏击图

纵六七厘米·横五六厘米

◉ 东汉，宿州市散存，减地浅浮雕。图上方一人手提一物似与一鸟首神物对话；下方沙场上，二骑士向左飞奔，持戟相互搏杀，二武士互不示弱，你来我往，似乎能听到器械的刺耳撞击声。地上倒卧二战士，伤者头仰起，作挣扎状，使画面得以延伸，沙场的炽热化历历在目，让人感到战场更大，战争更惨烈。右上方有一吏坐观战事。空中一鸟惊飞，渲染了战争波及的范围。图中厮杀的骑士形体较为高大，画面主次分明。■

沙場搏擊圖
此圖所寫古戰場之一
角下稱二人騎馬搏
擊下一人受傷倒地
已死一人負傷掙扎
左上似為人神對話

宴饮赏乐图

纵四一厘米・横一六〇厘米

宴饮赏乐图

◉ 东汉，萧县民间藏，减地浅浮雕。图上部饰云纹，下饰水波纹。图左起，一侍者手执便面，一榻上坐冠饰双长羽之人居几前，旁有二只案，上置杯盘和樽。一人伸手作取食状，后有乐队奏乐，依次为：抚琴、吹笙、吹笛、吹排箫，一人跳九丸并有二人击建鼓。《周礼・春官宗伯第三》中说：「瞽矇：掌播鼗、柷、敔、埙、箫……」瞽，为眼睛失明者，即演奏器乐者为盲人。演奏乐器是盲人谋生的重要手段。此图中，除盲人吹奏笙、笛、箫和抚琴外，并有眼睛正常人从事跳丸和建鼓舞。■

迎宾图

纵三八厘米·横一五七厘米

◉ 东汉，淮北市散存，减地浅浮雕。图右一马拉车，前二导骑开道，前站立一人，手持一物。左方一人跪地，二人肃立迎接到访之宾。图左侧题记漫漶不清，难以识别。图中主人的车马高大雄健，迎接者矮小恭敬，一尊一卑，一目了然。■

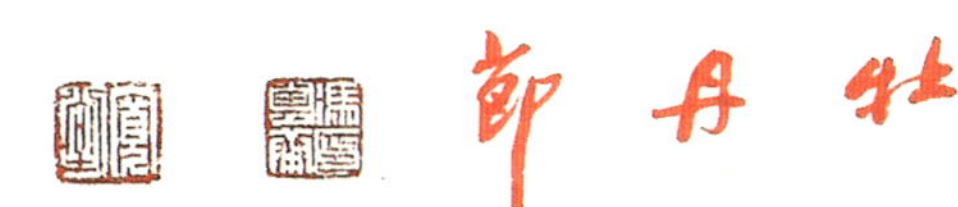
牡丹節

纺织图

纵九五厘米·横一七七厘米

◉东汉，淮北市民间藏，减地浅浮雕，边饰幔纹和钩状纹。图中楼外有二阙，右阙下一鸟；左阙下二鹳叼一鱼（阙是古代建于城门、宫殿、祠堂、墓葬前对称的建筑）。徐锴《说文解字系传》卷二十三：「盖为二台于门外，人君作楼观于上，上员下方。以其阙然为道，谓之阙，以其上可远观，谓之观。」又《白虎通义》：「阙者，所以饰门，别尊卑也。」阙由基座、阙身、楼身和阙顶四部分组成，有石阙及砖石和土木等结构，是殿堂与墓葬的大门的象征，如汉代皇圣卿阙铭：「皇圣卿之大门。」在有的画像上也表示为天堂之门的入口。楼下有二织女机前忙于织布帛，楼上头戴巾帼的女子二人六博，旁置一壶。二鹳叼鱼，为「有余」之意。楼内下方，织女忙碌不停；上方二贵妇一举手行棋，一蹙眉凝思；一在楼下，一居楼上；一忙一闲；尊贵与低贱的对比昭然。两侧题记：「永和元年四月十日丙申袁堂□悲到文山弟桓抒终　□□俱夫人勿服因清时长子□周冢主」。

◉永和，为汉顺帝年号；永和元年，为公元一三六年。西汉建筑是以夯土版筑的木结构为主，墙体既防潮又有较高的强度；墙面涂泥，为了让土墙体少被雨水冲刷，而把屋檐伸得较远；如两面坡的悬山顶建筑。到东汉木结构楼房增多，斗拱的使用也较为普遍、多样，在梁下用可增加梁身承重力，在屋檐下用可使出檐更远，成为我国建筑一大特色。同时楼房逐层施柱，逐层收小等方法，对后世建筑形成深远影响。▣

紡織圖

此圖署永和元年永和為劉順帝年號距漢亡六十餘年此圖反映漢代之紡織狀況亦中國早期之手工業史料也

馮其庸題

卧薪尝胆图

纵二六厘米・横二〇七厘米

◉东汉。山东枣庄散存，减地浅浮雕，边饰绳纹、卷云纹。图右起，一马拉轺车向桥上行进，前方有二骑吏回身向二名手持刀和盾的步卒射箭。桥上一吏捧盾迎接，其身后也有一执盾之吏迎接驶来的一轺车，车上载二人快速下桥，最后一人捧食盘与一胆进献和一人持一锥状物。旁有飞鸟、走兽、顽猴；桥下右方一人叉鱼及一龟行走，中间渔船上三人，一人划桨；一人捕鱼；一顽童嬉戏。左方一人罩鱼及一龟行走。图右屋内榻上，勾践凝视下垂一胆，若有所思；屋左一侍者立。屋上方，双龙穿璧。据《史记・越王勾践世家》载：吴王夫差在会稽山打败越王勾践后，吴赦越。勾践返回越国后，勤劳吃苦耕种劳作，其夫人也亲自纺织，不吃肉不穿华丽衣服，勾践把苦胆悬挂在室内，吃饭前先尝胆汁，时常提醒自己：你忘了在会稽受的耻辱了吗？善待和礼遇宾客，不吃肉不穿华丽的衣服，发奋自强，终于忍辱负重，复兴越国，最后打败了吴国，雪了会稽之耻。此图生动地再现了勾践战败回国，尝胆思痛的过程。也是以此来激励后人居安思危、奋发图强，起到前车之鉴的作用。■

卧薪嘗胆圖

越王句踐反國，乃苦身焦思，置胆於座，坐卧即仰胆，飲食亦嘗胆也，曰：汝忘會稽之恥邪？身自畊作，夫人自織，食不加肉，衣不重采，折節下賢人，厚遇賓客，振貧弔死，與百姓同其勞。

史記越王句踐世家

越王嘗胆復國事，足以勵人。今紹興尚有越王臺，而蘇州靈岩亦有響屧廊，令人深思。

卧薪嘗胆圖

越王句踐反國乃苦身焦思置胆於座坐卧即仰胆飲食亦嘗胆也曰汝忘會稽之恥邪身自耕作夫人自織食不加肉衣不重采折節下賢人厚遇賓客振貧弔死與百姓同其勞

史記越王句踐世家

越王嘗胆復國事足以勵人今紹興尚有越王臺而蘇州靈岩亦有響屧廊令人深思

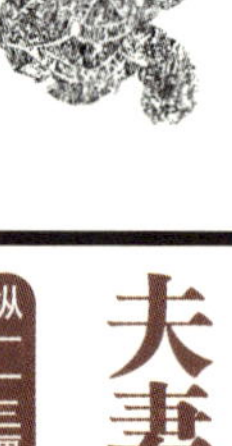

夫妻闲话图

纵一一三厘米·横一三八厘米

◉东汉，萧县民间藏，减地浅浮雕。图中屋内，夫妻相对交谈，二人似有说不完的知心话，恩恩爱爱。屋两侧室中有二匹马备出行用，左右望亭上落二凤鸟和一翼龙行走。构图大气磅礴，物象生动传神。以简洁的刀法勾出人与动物形态，较为生动。■

夫妻閒話圖

此石保存完好畫面未損夫妻二人閒話神態自然房屋結構逼真屋脊瓦楞斗拱具極清晰爲漢畫石中之佳品

寅虎於其齋讀

泗水捞鼎图

纵六四厘米·横二四五厘米

◉东汉，萧县民间藏，平面阴线刻，边饰斜线，图分三档。左档为狩猎图，右上方一人驱三犬追一野兔，左方一人持戟刺一兽，下方有鹿、虎等兽奔跑。中档，上部一人戏凤和一建筑上垂下一绳，绳下系一鼎，并有龙头从鼎内伸出，下部右方，驷马驾车左行，旁有一马相伴，前方一羽人骑马作前导，对面有三持笏者谒见。此图为秦始皇过彭城时，见泗水中周鼎现，而想捞起周鼎的故事。右档，上部有二人猎虎；下部左方有一樽，一人抚琴，一人击掌而歌，一人起舞，一人敲击一球，其下有一壶及二鹳啄鱼。◉此石刻三幅画面，主题性强，繁中有序，以犀利洗练的刀法，使物象各得其神。如左图有猎人的猛追，犬的迅疾，野兔的仓皇等，都刻画的淋漓尽致；中格安车前的四匹马的描绘尤见匠心，以斜视透视法刻出三匹马，第四匹马头却在不应该出现的马背上刻出；为了不使图像出现杂乱感，本应有十六条的马腿，却只留了十条，但也让人感到和谐可信。由一鼎系于一建筑和车骑飞奔的情景，可反映出秦始皇过彭城时周鼎现而急于捞鼎的情况。右图猎虎驱邪并有三女子弹、唱、舞，似都进入了角色的状态中，不为外界环境所干扰。有写实又有夸张，条条线似乎随音律的起伏而跳动。■

八十又三

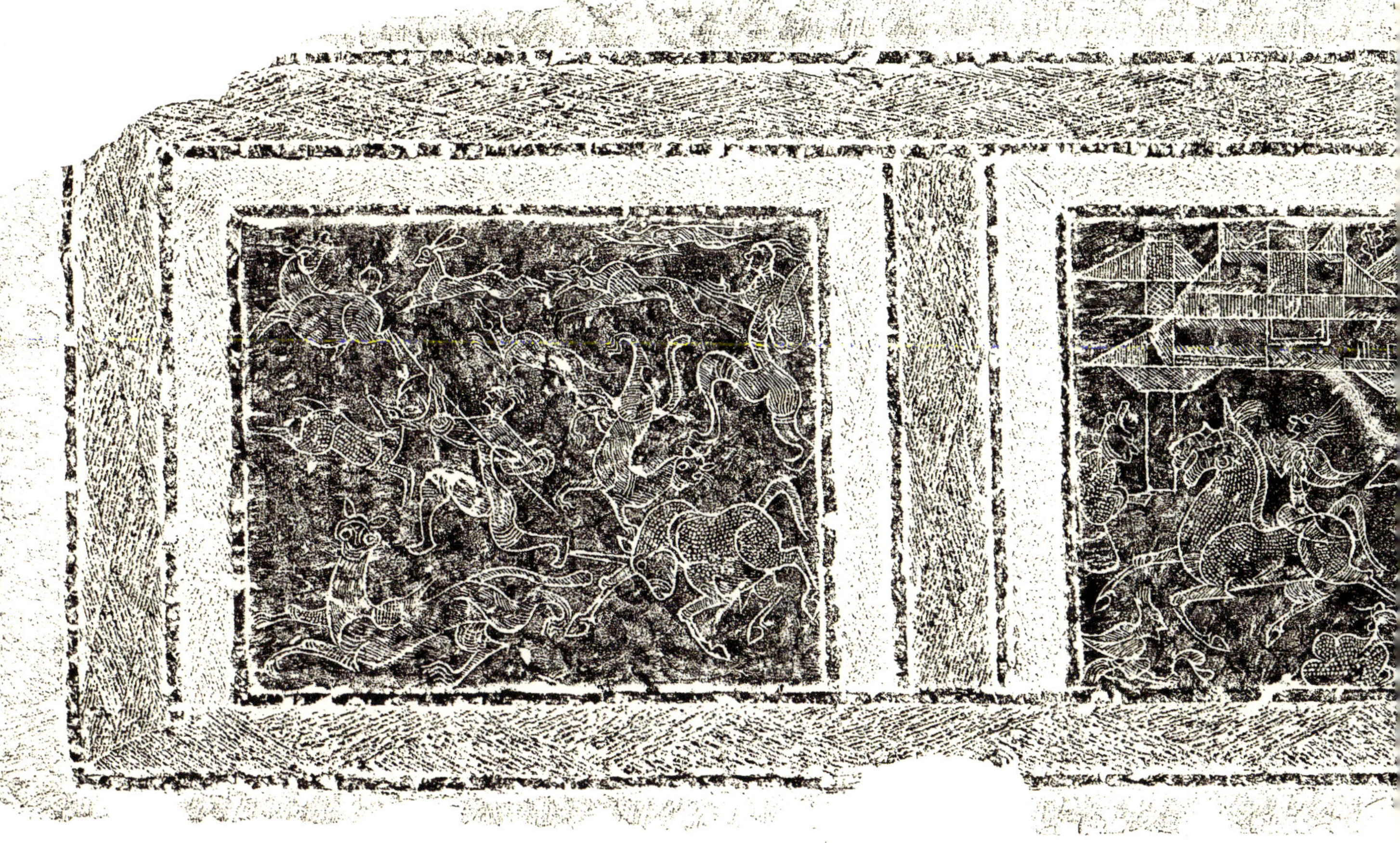

访友图

纵七二厘米·横一九八厘米

◉ 东汉，淮北市民间藏，减地高浮雕。图左右饰齿纹，上部饰水波纹，下饰幔纹，图分二格。下格左起，一树边二鸟散步和二鸟共叼一鱼，一人提起猪二腿作捆绑状，旁一人头顶一物。中间屋内，二主人对坐榻上谈话，屋上有鸟飞翔；右方，二主人中一人乘车，另一人骑马，前一车只有驭者，车内放有访友的礼物，上方有二飞鸟和二瑞兽，此格为出门访友。上格右起，一卒持戟而立，中部一人捧盾迎接到访的车骑，上方有瑞兽和飞鸟数只。屋外左方，来访者带的礼物一猪和猪腿被家仆二人抬走；屋内，宾主三人跽坐畅谈；屋外左侧，一侍者立；屋上落二鸟和二凤。图右方题记为：「君讳字季仁□汉□胡祖至移□监□长谋反去郡子孙繁延始置□宫永平十二年二月戊午造」。图下格屋内对坐二人和屋左乘车与骑马者以冠的不同形状，来表明二者同为此中二人，使观者一目了然。

整福图表达了主人死后不忘亲朋好友，携礼拜访故人的情景。■

访友图

此图写民间访友情景，上下两格均写访友而略有异。款署永平，为汉明帝年号，为东汉中期。

宽堂冯其庸识

造纸图

纵七五厘米・横一〇二厘米

◉东汉，淮北市散存，减地高浮雕。图分二格，边饰棱形纹和幔纹。上格右起，一头戴进贤冠的男子扶杖而立，对面一人也扶杖作攀登状。前方三人头戴斗笠，后一人立，前二人持香祷告。前旁有一方形祭坛，坛上插三炷香，其前列祭具三。上方有一翼龙升起。龙是汉人升仙的象征。右上方天空漂浮大片云朵。此格描绘了汉人祈求升仙的仪式。下格左起，灶前一人加薪烧火，釜上置一桶，桶内热气升腾，旁放一勺。远处一人俯身持筐清洗原料。中部二人执杵在臼中捣制原料，身后置一筐蒸过的原料；右方为构树，构树是造纸的重要原料。旁二人操作机械打浆，左边一人踏踩器械；右边一人加原料。身后为凹形浆池。一人站池上搅拌浆液，旁置二张帘支地晾晒。据明代宋应星《天工开物・杀青》中载：「凡纸质用楮与桑穰、芙蓉膜等诸物为皮纸，用竹麻者为竹纸。」并要将造纸原料切碎、洗涤、涂灰汁后蒸煮数日，再清洗和复煮十余日，然后，「入臼受舂，舂至形同泥面，倾入槽内」。最后荡纸浆入帘上，而后贴到经火加热之墙，焙干。所记载明代造纸的工艺流程与此画像石的内容基本相吻合，故此画像石下格应是汉代有关造纸的写实。只是汉代的晾纸方法还处于较原始的状态。二十世纪五十年代，在西安灞桥西汉墓的考古发掘中，出土了年代不晚于汉武帝时期的「灞桥纸」。《汉书・孝成赵皇后传》中，就有了「赫蹄书」，汉代应劭注为：「赫蹄，薄小纸也。」由此可见《后汉书・蔡伦传》中说到的蔡伦造纸就不准确了，他只是在前人的技术上作了一定改进。根据此图推测，可能中国发明造纸的时间还应推前。纸的生产、应用，为以后印刷术的产生提供了必备条件，使教育、文化事业得以较快发展，对人类文明进程，起到了极大推动作用。■

造紙圖

此為漢畫像石中稀見之品漢代普遍用竹木簡書寫然西陲已出土漢晉殘紙可見紙尚稀有更不能知其製法獲此圖則其造紙之法了然矣可不寶歟 寬堂記其齋八十又三歲

乙酉歲暮予方從樓蘭歸來

对饮图

纵四一厘米·横一六五厘米

◉东汉，萧县散存，减地浅浮雕。图上饰云纹，下饰齿纹。图左起，一人灶前烧火做饭，一人淘米，一人切肉；上方悬挂肉、猪头、鸡、鱼。右边夫妻二人对坐于樽前叙谈，旁有二人首鸟身的千岁鸟相对而立；晋葛洪《抱朴子·对俗》里转引汉代《玉策记》和《昌宇经》，其中述：「千岁之鸟，万岁之禽，皆人面而鸟身，寿亦如其名。」最后一人跪于树下，迎接一骑羊之人。◉在河南邓县南北朝画像砖墓中，出土之砖上中间有一束花，左侧是人面鸟，右侧是兽面鸟，各榜题「千秋」、「万岁」，千秋、万岁为时间长之意。进一步证实图中人头鸟是千岁鸟，兽面鸟是万岁禽，以保墓主也千秋万岁。■

伯孝出行图

图中人物自右至左为侍者吏、书佐、贼曹、主记车、宜王、小史、侍吏、故汝南从事伯孝共九人组成出行

伯孝出行图

纵四三厘米·横一五九厘米

◉东汉，淮北民间藏，减地浅浮雕。图上部饰云纹，下饰螺旋纹。图左主人坐于屋内榻上，旁题：「故汝南从事伯孝」；户外一「侍吏」持笏相请，「小吏」所驾一马拉轺车待主人上车。三骑吏前导，并分别榜题：「宜王」、「贼曹」、「书佐」。中间一「主记车」，队伍上方有四鸟飞翔、一片浮云。右方，「侍者吏」恭迎到访之宾。此图反映了已故汝南郡从事「伯孝」将在阴间乘车访友，并有故吏随行的场面。◉图中榜题，汝南系指东汉豫州刺史部汝南郡，故址在今河南省汝南县东北五十里处；同时表明墓主人伯孝，生前为汝南郡太守的僚属（从事），其中的「故」字表明现在是阴间活动。乘车的主记为伯孝的僚属；另外，侍吏为伯孝的差役，小史即一般小吏之称，书佐是为伯孝起草缮写文书的官员；贼曹主捕盗贼和车前驱赶闲人。其中车马上方飞鸟、行云的点缀，烘托出出行场面欢乐、祥和的气氛，有阴间的生命感。《汉书·高祖纪》载：「令士卒从军死为槥（小棺），归其县。县给衣衾棺葬具。」更用法律的形式将魂魄返里予以实施，诸如把战争中殉国将士尸骨运回故乡安葬，外任官员死后回乡埋葬，因此成了后世「扶柩回乡」的习俗。故此推想，伯孝的故乡应在沛郡（国），才有了冥世出行访友对博的故事。在一些画像图中刻有榜题，其作用是向阴界表明已故之人的身份、地位，以求在冥世中受到优厚的待遇。▣

下層官吏步行之狀況寬堂記

仙界拜谒图

纵四五厘米·横二三〇厘米

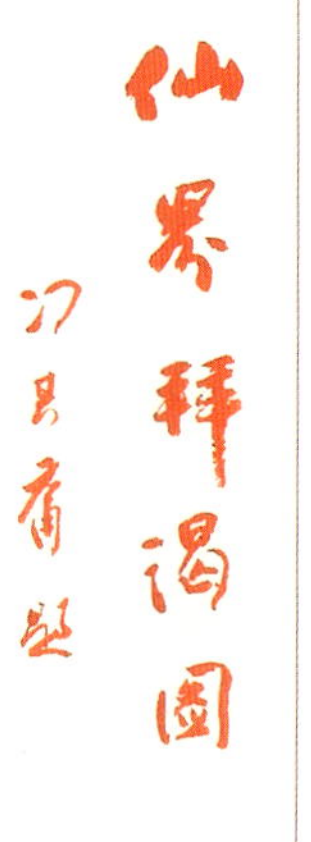

● 东汉，宿州市民间藏，减地浅浮雕，下部边饰水波纹。图右起，一武士一手持钩镶（钩镶是攻守兼备的武器），另手执环首刀，弓步左行；旁有二神兽对坐；中部七人合掌面右拜谒对面之人，似在向他求取仙药；一只三青鸟守护玉兔捣制仙药，最后一人持盾和刀。《山海经·海内北经》：「其南有三青鸟，为西王母取食。」傅玄《拟天问》：「月中何有，白兔捣药。」图中白兔肩生翼，正一手挥杵，一手扶臼，任劳任怨的埋头工作，其温顺似女性，传说是嫦娥所变。嫦娥是后羿之妻，羿于西王母处得不死药未及服，嫦娥窃食成仙。两边执刀持盾的武士是在护卫仙药，不让外鬼偷食；面左之人似在给亲朋好友发仙药，仙药放于其身后仙禽所捧的盒内；同时也描绘了墓主不但有仙药，更拥有玉兔，能为其造大量仙药而「长宜子孙」。汉人求长生的思想，由人间也带入了墓中。图中人、神相处同一画面中，反映出汉人的奇思异想。■

右起一武士手持鈎鑲和環首刀面左二神
獸對坐中大人面右拱手謁見面左之人
左方一玉兔搗製仙藥青鳥旁伺取藥
山海經·海內北經：其南有三青鳥為西王
取食後一人持刀面右
漢世重禮之俗亦及神仙可見其令
之娛　寬堂汀甚肩識

铸钱图

纵五九厘米·横二〇〇厘米

◉ 东汉，山东枣庄散存，减地浅浮雕。边饰水波纹，图分二格。下格左方，二人正在拉动皮橐（相当于鼓风机）后的连杆鼓风。旁有一座冶炉，炉口火苗闪动，炉右下方有一管道，其中流出的铜液注入了小池中。旁有一勺和一容器及钱范（铸钱的模具）和铸好的二枚成品钱。旁一吏在铸钱、取钱。上方有武库，内置戟、钺兵器。右方在争斗，似有人想抢钱，一吏执戟前冲，另一挥钺和钩镶之吏旁，有一死者倒地。舞双刀者似在外逃，另一人在前作拦截状。最后有一绾发髻的女子和一戴冠男子相拥而立，旁一人静观。《史记·平准书》中载：孝文帝时，可以让诸侯和百姓自己铸钱。大夫吴国的吴王靠近铜山采矿铸钱，富比皇帝；大夫邓通，因受皇帝宠爱，也靠铸钱发财胜过诸侯王。后来皇上又发布了禁止私人铸钱的法令。但民间仍有盗铸的现象。此图当为墓主做过铸钱之官员，刻此图像以显示生前身份不凡。上格左起，一人持矛刺虎，旁有玉兔吹笛、飞鸟和一兽头伸出。右方二神兽相对似做游戏，旁有人首仙人、翼鱼飞行及一兽抚琴，最后一虎与一异兽对峙，似在争夺中间宝物，旁有飞鸟、兽和云朵。图中物象生动传神而浪漫，尤为珍贵的是让人们直观地看到了汉代铸币场景，为研究汉代的冶炼和铸币的发展状况，提供了形象的资料。▣

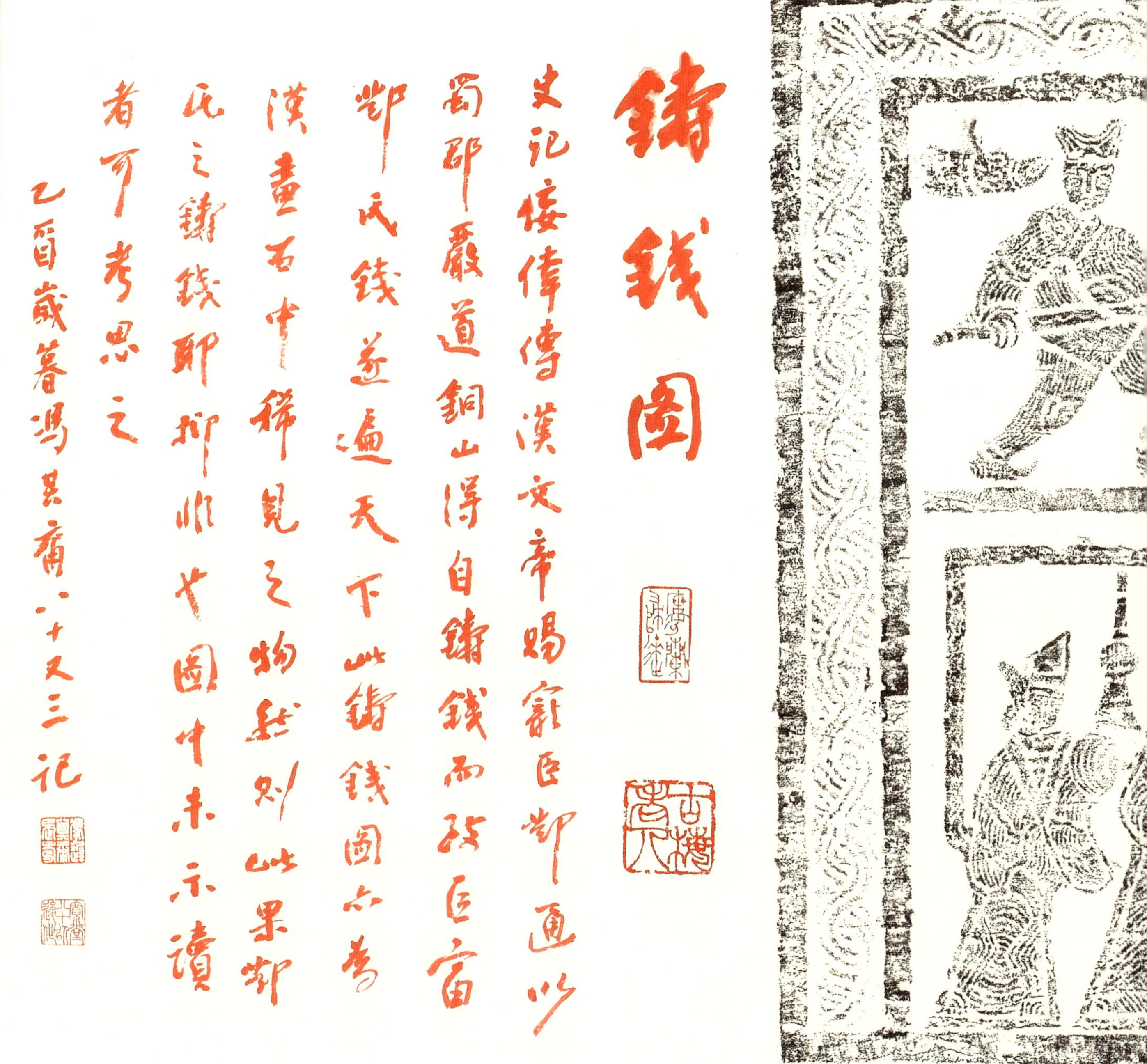
铸钱图
史记佞幸传汉文帝赐宠臣邓通以
蜀郡严道铜山得自铸钱而致巨富
邓氏钱遂遍天下此铸钱图亦为
汉画石中稀见之物然则此果邓
氏之铸钱耶抑非也图中未示读
者可考思之
乙酉岁暮冯其庸八十又三记

指鹿为马图

纵三八厘米·横二三二厘米

指鹿為馬圖

圖左方一人立前一人牽鹿上題口鹿上一字漫漶遙立二人相對招手分別題趙高二世二大臣恭立于二世後右一人持盾一騎馬者

◉ 东汉，宿州民间藏，减地高浮雕，图两侧饰幔纹。图左起：一人肃立，一人牵鹿，榜题：「马鹿」。二人相对招手，分别榜题：「赵高」「二世」。二大臣立二世身后，右边一持盾人迎一骑马者。《史记·秦始皇本纪》：「八月己亥，赵高欲为乱，恐群臣不听，乃先设验，持鹿献于二世，曰：『马也』。二世笑曰：『丞相误邪？谓鹿为马。』问左右，左右或默，或言『马』以阿顺赵高，或言『鹿者』。高因阴中诸言鹿者以法。」文献中的记载与此图相合。此图的目的在于让世人扬善嫉恶，警示后人。◉《史记·秦始皇本纪》：「独子胡亥、赵高及所幸宦者五六人知上（皇帝）死。」「太子胡亥袭位，为二世皇帝。」赵高为胡亥继承王位的功臣之一，赵高为赵国人，秦宦官，任中车府令，兼行符玺令事。常讨好秦始皇少子胡亥，秦始皇死后，与李斯伪造遗诏逼秦始皇长子扶苏自杀。赵高因此得以重用，掌握了朝中大权；杀李斯后升为中丞相，朝中大臣多为其党羽。赵高为夺取更大权力，控制朝政，因此，用此鹿谓马来观察朝中大臣谁不为他所用，不向他依附者均被杀害，最后又杀二世。图中物象拙朴，线条粗放、率意。■

事々見史
記始皇本
紀
乙酉暮春
馮只庵
識讀於
古梅書
屋八十
又三

扁鹊行医图

纵四七厘米·横一九二厘米

◉ 东汉，淮北市民间藏，减地浅浮雕。图右方题记：「君者崔光，被病妖没，寿此年六十四岁。有四子，举孝廉起石堂，用钱二万六仟，传后子孙今知之。永元十年丙申朔日俳令」。图中崔光之车前导后从二骑，一建筑外，前导之吏在前，光居后肃立，面带病容。屋内，从吏进屋向扁鹊告知光之病情。扁鹊手指一针具待给光疗病，下面针盒内放五根针具备用。此外，屋左有一材官蹶张，腿捆二把戈。屋上有熊、飞鸟以及一口中吐珠之凤。右上方有一虎和天禄。◉ 从题记中可知石刻的确切年代（汉和帝时期，公元九八年），及崔光因病而故，所以其亲属在石刻上雕刻神医扁鹊为光治病场景。针灸是我国传统医术，扁鹊是战国时名医，擅长针灸，有起死回生之术，其形象被神话为人首鹊身，得以在石刻中体现。图中从生病到针疗或以治病为主题的题材，在画像石中出现较少，这为研究汉代的医学发展提供了珍贵资料。图中的熊与长双鹿角的天禄，在《周礼》中有方相氏掌蒙熊皮入圹驱罔象；罔象好食亡者肝脑，而其畏虎与柏；因此它们具有驱疫辟邪的作用。◉ 此石构图大气磅礴，并有三美：雕刻美、构图美、文字美。在雕刻上，刀法灵动，果断遒劲。对于鸟、兽以工笔式雕刻，表现出毛的质感。对于马身上以块、面的形式，作写意式粗犷雕刻，表现出马的身强肉健。在构图上以大胆取舍：在描绘崔光去治病的情景时，把生病的前期状态舍去；在崔光到达扁鹊寓所时，则把驭者及马车留在了画外，主次分明。以平面观之，马、兽之腿有前有后，深度观之，有左有右。把马之急驰，兽之凶猛，病人之痛苦，雕刻得生动形象，并结构合度，比例准确。其次，采取不对称平衡法构图：左边以宽大建筑来平衡右方复杂的人与兽的均衡。文字笔画刚劲，笔势恣肆。另外，题记中从「起石堂」二字，再结合画像石的形制看，此处说的「石堂」应指墓室，而不是指地面祠堂。▣

六博图

纵四二厘米·横二四五厘米

◉ 东汉，淮北市散存，减地浅浮雕。图上、下各饰云纹和齿纹，两边饰柿蒂纹。图中左起：一人指挥乐人，上题：「仲□」；二人吹长笛、短笛并分别榜题：「有秩」、「□木」；二佩剑之吏背对而立，上分别题：「少□」、「伯宜」；中部二人执桴击鼓而舞，建鼓上有幢，下有两羽葆的飘带，羽葆是用鸟羽毛做成的装饰物。鼓左边人旁题：「伯□，(此处)人皆食太仓」和「兴□」；右边人旁题：「伯□」、「游徼」。二人六博，左旁之人上题：「伯孝」，相对之人上题：「武伯」，最后一佩剑之吏侍立，旁题：「仲□故沛府书佐。」画外一人立。◉ 图中从画像雕刻风格、人物等综合看，应与《伯孝出行图》出自一处。上图从车骑队伍看是在准备出行，所到处小吏出迎，「伯孝」出行与此图场景具有连续性，与其对博者是生前好友，都爱博戏。从左旁之吏榜题可知，他是伯孝的随从并随时听候传唤。伯孝后有题：「游徼」及「有秩」。《后汉书·百官》：「游徼掌徼循，禁司奸盗。」「乡置有秩、三老、游徼。」有秩，郡所署，秩百石，掌一乡人。图中所谓「太仓」是设在京城的大粮仓。是说此处人都是吃皇粮的。《史记·平准书》：「太仓之粟，陈陈相因。」就是指国家的粮仓储粮很多。从图也可看出在奏乐、服侍的众人是伯孝和生前好友武伯的故吏，表现出墓主并不寂寞，有着人间的社会交往和闲情逸趣。▣

二桃杀三士画像石

纵三八厘米・横二三一厘米

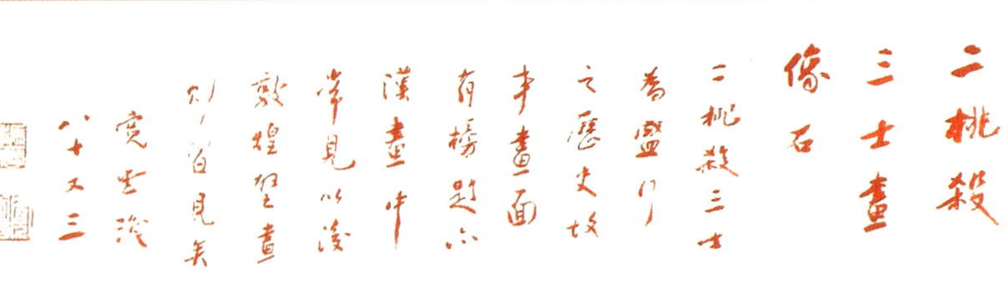

◉ 东汉，宿州市民间藏，减地高浮雕，图两侧饰幔纹。此图是二桃杀三士的故事，可能是古代口耳相传时之误，而产生此图的三士争桃比武场面。也可能是民间的另一传说。图中左方二人比武，分别榜是：「公孙参（接）」、「冶子」；公孙接右手持钩镶，左手执剑，古冶子挥剑，二人相搏斗。旁立一佩绶带之人，榜题：「晏子」。为齐相。绶带的长短是官位大小的标志。一持戟、腰系绶带的卫士肃立，旁一头绾发髻女仆走来，双手捧一盘，盘内放二桃。画像应还有另一勇士田开疆未刻出。右方有二楹柱，表示房屋，其间有二人对坐于榻上几旁，榜题：「楚庄王」、「景参（公）」；楚庄王持觯与景公举卮对饮，旁置一双耳壶。屋外左方立一侍吏。整个画面主题性强，人物姿态多变，线条粗放遒劲。◉ 在较多的画像表现此历史故事时，多以一高足盘上放二桃，三士为争桃而相互标榜到自杀的场景，此图却与众不同。可见汉代画像题材具有灵活性和多样性。▣

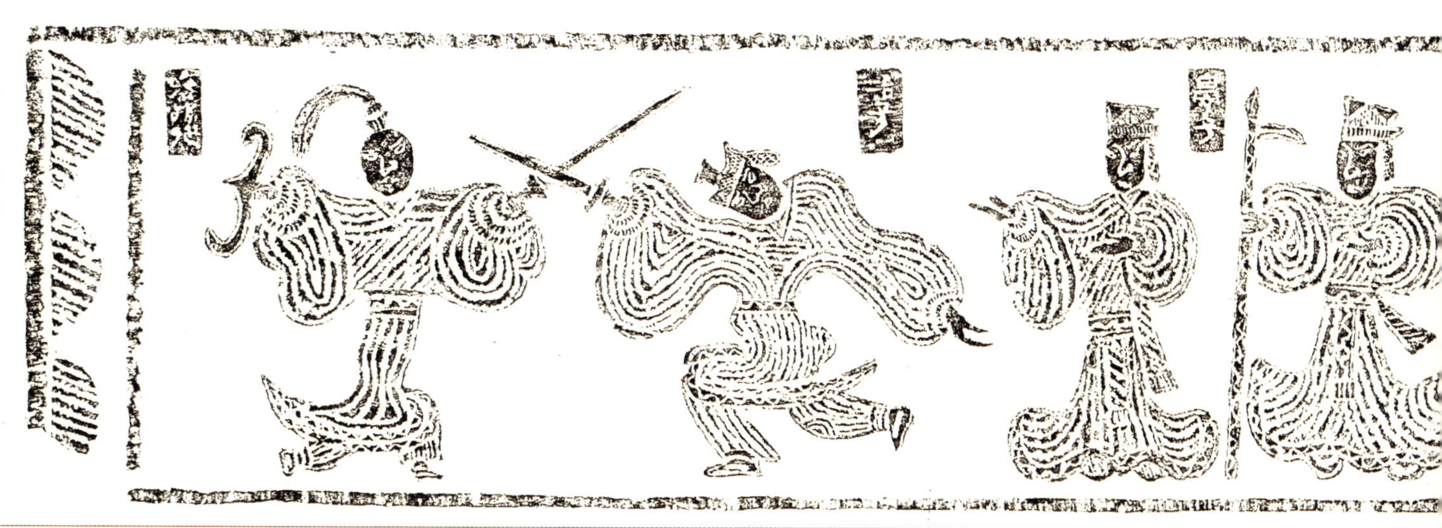

四神图

纵四〇厘米·横二四〇厘米

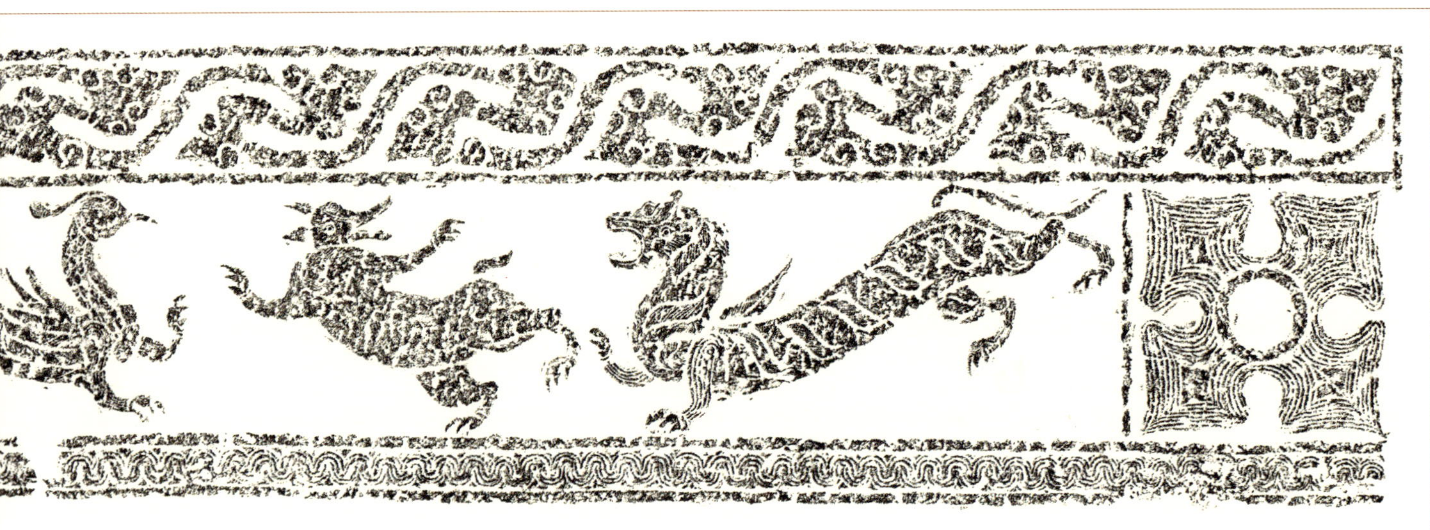

◉ 东汉，萧县民间藏，减地浅浮雕，图上部饰云纹，下饰水波纹，左右饰柿蒂纹。中部刻四神兽，分别为：白虎、熊、朱雀和青龙。为驱邪辟疫之意，同时，也表现为汉人的天人感应思想而产生的诸多神祇。此地汉墓室后壁多刻此类形象，是为了居室的安静不被外鬼打扰，起到保护作用。形象较有力量感，张口奋爪，威猛异常，线条圆浑活泼，各赋其形。▣

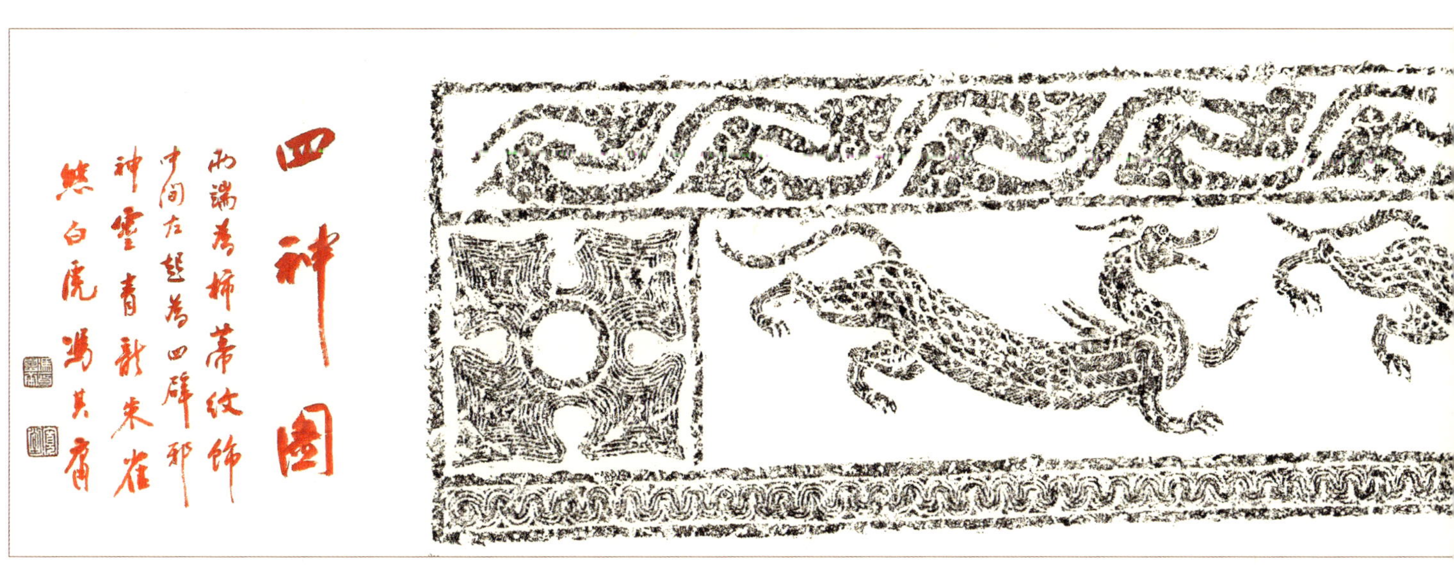
四神圖
兩端為柿蒂紋飾
中間左題為四辟邪
神靈青龍朱雀
然白虎 馮其庸

瑞兽图

纵四二厘米・横二八〇厘米

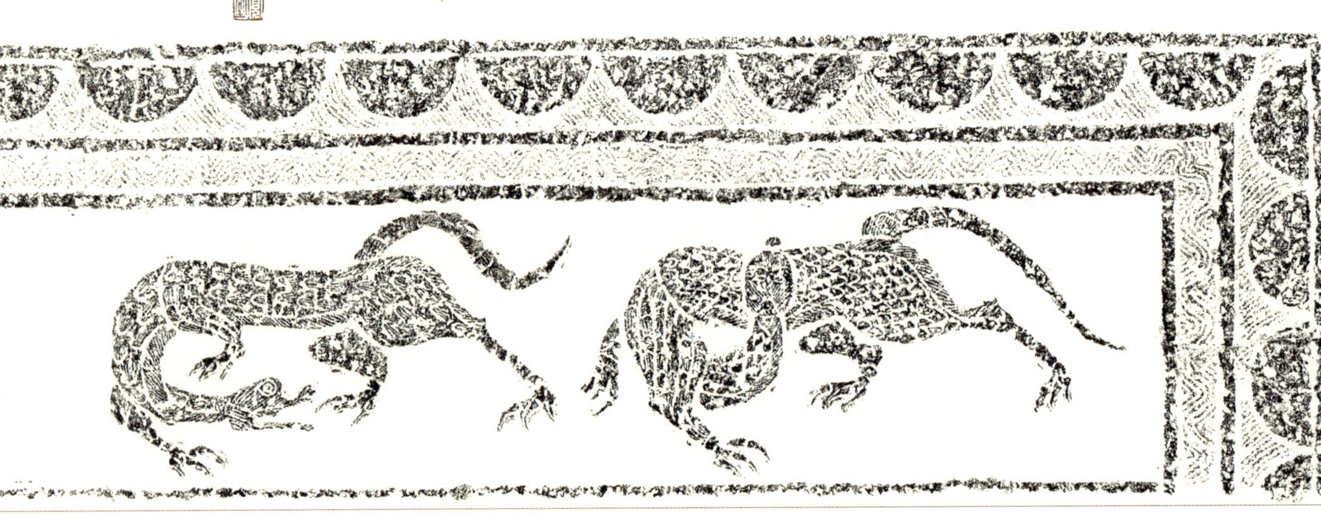

◉ 东汉，萧县民间藏，减地浅浮雕，图饰幔纹、水波纹。图左起：一鸟头兽身的朱雀、一白虎、一饕餮、一青龙、一龟头兽身的瑞兽，五神兽在此有驱灾辟邪之意。图中异兽姿态张扬，雄健，展现出汉代民间美术达到了一定水平。其中对白虎的刻画尤为特别，侧面的虎头本来只能看见一只眼，而匠师为了使其更具威严，又刻出了侧面另只眼，虎头被立体的表现出来，此种立体雕刻的较多出现，也是此地画像石的一大特色。■

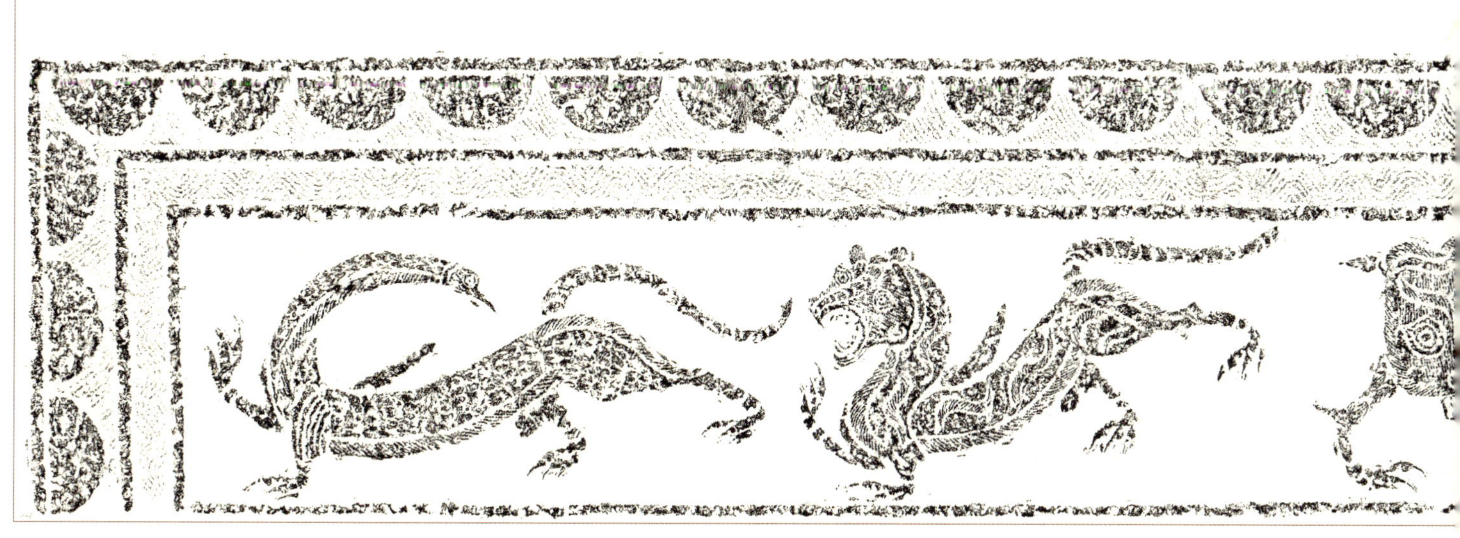

神龙穿璧图

纵六一厘米·横三〇五厘米

神龍穿璧圖　馮其庸題　八十又三

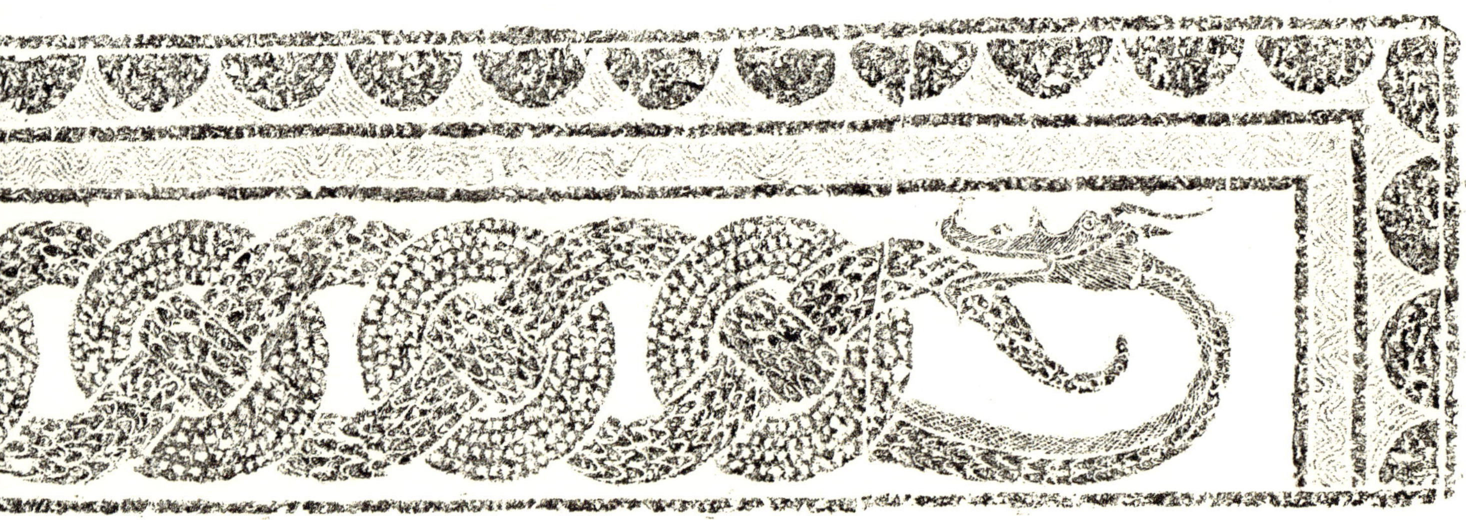

汉画解读

◉ 东汉，淮北市民间藏，减地浅浮雕，边饰幔纹、水波纹。图中二神龙相互缠绕于七只玉璧中，较为少见，常见的有二龙穿三璧、五璧。龙为吉祥之意。璧为礼器，又是财富的象征，此图有吉祥、富贵之意。此石应为墓门上横梁（门楣），许多门楣外壁刻此物象。汉人在墓中多刻龙的形象，并赋予种种神话和传说，印证出中国人对龙的崇拜由来已久，显示出博大精深的龙文化。此二龙穿璧气势磅礴，具象地体现了龙文化的魅力。■

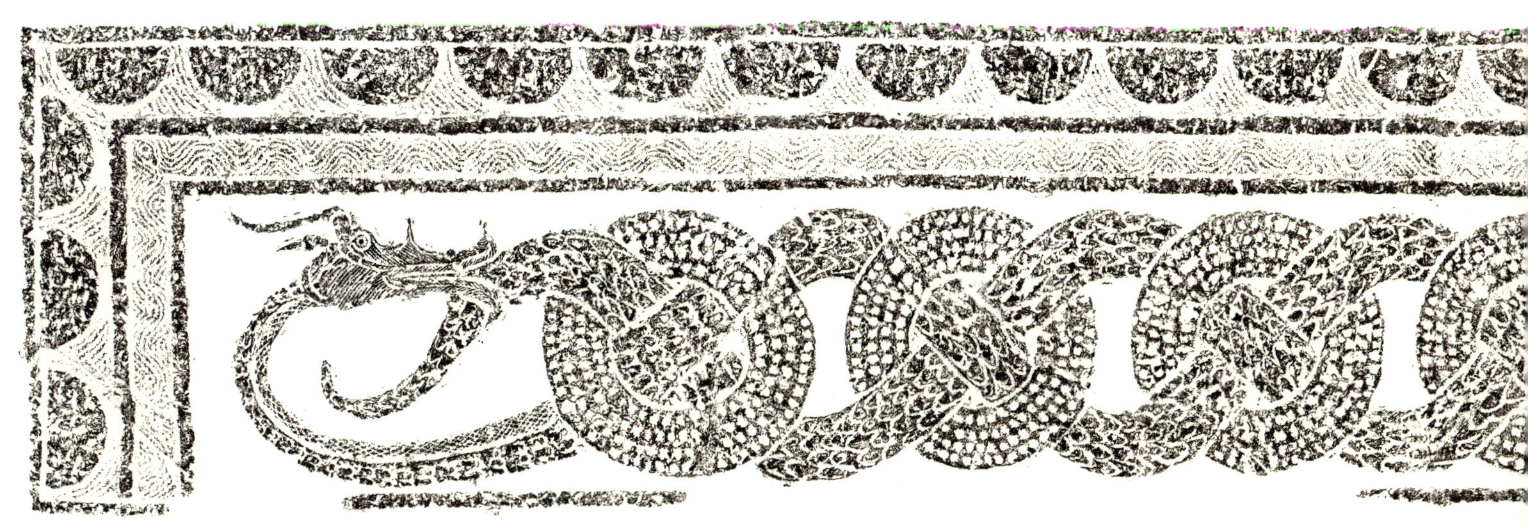

邀游图

纵四四厘米·横一四四厘米

◉东汉，宿州市民间藏，减地浅浮雕。图上部饰齿纹，下部饰幔纹。右方二人，一人持三角状旗，另一人持幢。房屋内二人叙谈，屋外右侧立一侍者，屋左立一持金吾者（金吾用铜制成，一端粗，另一端细，两端涂黄金，是礼仪性武器，也是执法用具）。左边，一人已骑上马，在等另一同伴，马前一人躬送，上有飞鸟，最后，扶桑下，一人牵出一马在等主人上马。此图表明墓主人生前邀友，在奴仆的侍候、簇拥下跨马离家远游时的情景。▣

遨遊圖

此圖右前扶桑樹下一侍者牽一
馬空鞍右一侍者躬身迎一騎
者進室內二人叙談似在籌其
中一人上馬出遊

汀昌甫讀

后记

刘辉

◉本书收录的汉画像石，多未发表过，有些题材在以往的汉画像石中，也较为少见，这对人们认识和研究汉代社会又多提供些新的资料。

◉在对图释的叙述上，著名学者冯其庸先生谆谆教诲说，不要干巴巴的就图论事，要让人们看完此书后，对汉代社会的政治、经济、文化、习俗等方面，有一个初步的了解。我遵照冯老指教的去写，虽然学识不足，不可能完全达到冯老的要求，但感觉上确实比以前好多了。这使我进一步感受到了冯老做事一丝不苟的风范，从内心让我油然产生深深的钦敬。

◉此书能得以出版，首先要感谢冯老事无巨细的关照、指点和严格的要求，特别是他不顾事忙，不顾年老体弱，竟为我专门研朱，作了一百幅题评，这是使我永远忘不了的。冯老是蜚声中外的学者、著名书画家，而对我这出身贫苦的小辈如此的关爱，令我如梦如幻。老人家是那样慈祥、和蔼，豁达而又平易近人，如亲人般处处关心、爱护我；还把我需要的书籍都送给我，经常在电话中关切地问：「你又看书了吗？」出于真情而自然地关心我的学习，令我感动不已。冯老说，他自己出身贫困，原本是个真正的农民，至今见到农民出身而又好学勤奋的人，他自然就产生一种爱护关怀之心。更使我深深感到确是这样。我从冯老身上依然感受到他那颗纯朴真诚的农民的心，善良而慈爱的心。冯老为我付出太多、太多，决不是一「谢」字所能表达了的。老人家虽然事务繁多，然为了让读者能看明白画像的内容，而作了大量的考释，书画合一，珠联璧合，黑红对比，相映生辉。冯老不但学识渊博长于文史考据，还注意到了拓片如此一来所具有的美观性，使这本书得到了升华。

◉在我刚进入汉画像的研究中，还得到了萧县作家汪永言先生的诸多教诲和帮助，使我的写作能力有了进步，让我铭记。他还在百忙中帮助整理、校对稿件。宿州市美协主席薛志耘先生也常鼓励我多看书，并给予许多关照。在此我也向二位先生作诚挚的道谢。

◉同时，更要感谢中国艺术研究院副院长张庆善先生的大力支持与帮助，使此书得以面世。也要感谢上海著名摄影家汪大刚先生一流水平的无偿拍照；苏州画家钱金泉先生请名师为拓片做了精美的托裱，使拓片大为增色。

◉参考文献有王建中先生的《汉画像石通论》、周到先生的《周到考古文集》、信立祥先生的《汉代画像石综合研究》、顾森先生的《秦汉绘画史》、孙机先生的《汉代物质文化资料图说》等，诸先生大作使我眼界大开。

◉本人因进入汉画研究时间不长，且又才疏学浅，所以文中必然会出现一些不妥或谬误之处，敬请专家、学者、读者不吝赐教。▣

二〇〇五年十月二十五日

图书在版编目 (CIP)
汉画解读 / 冯其庸，刘辉编著 . - 北京：文化艺术出版社，2006.1
ISBN 7-5039-2896-4
Ⅰ . 汉 . . . Ⅱ . ①冯 . . . ②刘 . . . Ⅲ . 画像
石 - 中国 - 汉代 - 图录 Ⅳ .K879.422
中国版本图书馆 CIP 数据核字（2005）第 145642 号

汉画解读

题评 冯其庸
解读 刘辉
责任编辑 金燕
责任校对 方玉菊
装帧设计 李猛
设计制作 一厂设计工作室
出版发行 文化艺术出版社 Culture and Art Publishing House
地址 北京市朝阳区惠新北里甲 1 号 100029
网址 www.whyscbs.com
电子邮箱 whysbooks@263.net
电话 (010) 64813345 64813346（总编室）
(010) 64813384 64813385（发行部）
经销 新华书店
印刷 北京翔利印刷有限公司
版次 2006 年 3 月第 1 版
2006 年 3 月第 1 次印刷
开本 889×1194 毫米 1/16
印张 15
字数 70 千字
书号 ISBN 7-5039-2896-4/J·775
定价 128.00 元